Social Media Marketing

per le piccole imprese

Come ottenere nuovi clienti,

fare più soldi, e

Distinguiti dalla massa

Per richieste di autorizzazione e opzioni di acquisto di ordini all'ingrosso, invia un'e-mail support@smmfsb.com

Prima edizione cartacea 2022.
Aude Publishing

Copertina rigida ISBN 978-1-957470-08-5
Brossura ISBN 978-1-957470-07-8
eISBN 978-1-957470-09-2
LLCN 2022919196

Social
Media
Marketing
per le piccole imprese

Come ottenere nuovi clienti, fare più soldi e distinguersi
dalla massa

Jon Law

Aude Publishing

so·cial

....

sō'shəl

    1. della società umana e delle sue modalità di organizzazione o relative ad essa.

me·di·a

....

'miː.di. ə

    1. una fonte organizzata di informazioni.

Contenuto

Social Media Marketing

per le piccole imprese

Come ottenere nuovi clienti,

fare più soldi, e

Distinguiti dalla massa

1

Perché diventare social?

SI media uciali sono scoppiati sulla scena globale come mezzo ora dominante di connessione e collaborazione. Per le persone e la società in generale, le implicazioni di questa trasformazione sono enormi. Per le aziende, sono ancora più profondi. Il commercio nel moderno ecosistema globalizzato e digitalizzato si basa su un set di strumenti composto da strategie e opportunità non disponibili solo decenni fa. Mentre sono emerse nuove sfide, il potenziale latente limitato all'interno delle piccole imprese ha più che mai l'opportunità di esplodere su un panorama competitivo non più limitato dalla geografia.

L'idea di scrivere questo libro mi è venuta in mente per la prima volta quando un'amica mi ha mostrato i libri che stava leggendo per imparare a commercializzare la sua piccola impresa sui social media. Sono rimasto sbalordito dall'abietta mancanza di informazioni complete e aggiornate; questi libri predicavano app che sono diventate irrilevanti anni fa, strategie pubblicitarie che si fermavano agli annunci di Facebook e consigli sui social media che si riducevano a "essere te stesso".

A seguito di quell'esperienza, ho deciso di scrivere un libro che aiuta i proprietari di piccole imprese a far crescere le loro attività attraverso le esperienze che ho avuto nella costruzione di dozzine di piccole imprese con influenza sociale che coprono un quarto di miliardo di visualizzazioni e milioni di follower, che si sono tradotte direttamente in molti più clienti e milioni di vendite.

Perché incorporare il marketing digitale e sui social media nella tua strategia aziendale è così importante? Questa è una domanda giusta, spesso ignorata da coloro che predicano una fantasia idealizzata dei social media e del panorama digitale per le imprese, e che si riduce a cambiamenti fondamentali nell'ambiente aziendale globale.

La nostra analisi deve iniziare con la comprensione che la digitalizzazione è stata la caratteristica distintiva del mondo degli affari del 21 ° secolo. Internet ha rimosso le barriere geografiche, ha sostenuto una disponibilità di massa di conoscenza e ha fornito un livello senza precedenti di opportunità a chiunque abbia un dispositivo digitale e una connessione. Man mano che la maggior parte del mondo si sposta online, la digitalizzazione deve essere un fattore determinante nella tua azienda, assumendo un certo grado di fisicità, o, come per le aziende puramente digitali, il determinante dominante.

Tuttavia, mentre la digitalizzazione ha aperto la porta alle opportunità, ha anche creato un ambiente molto più competitivo. Al contrario della concorrenza relativamente limitata in base alla vicinanza geografica (anche se può essere per la tua attività fisica, le stesse regole non si applicano quando lavori digitalmente), tali limiti sono stati in gran parte cancellati. Una piccola impresa che vende cuscini personalizzati in California compete con i venditori di cuscini online a New York e in Canada, mentre un'azienda di software con sede in Giappone compete con le startup di Città del Capo e Londra. Come azienda che opera in questo tipo di ambiente, non devi solo capire il panorama del mondo digitale, ma imparare a prosperare in esso.

In gran parte come risultato della digitalizzazione, la globalizzazione ha ulteriormente interconnesso le economie mondiali in misura senza precedenti.

Siamo tutti letteralmente in questo insieme, e la globalizzazione gioca in tutte le strategie digitali. La combinazione di digitalizzazione e globalizzazione ha generato non solo una concorrenza maggiore e più agguerrita, ma ha anche collegato una vasta gamma di mercati e ha introdotto la possibilità di servire mercati di nicchia che ora offrono collettivamente una domanda sufficiente per sostenere le imprese su larga scala. Queste due tendenze giocano nel ruolo crescente che l'outsourcing gioca nel lavoro e negli affari. L'outsourcing riduce le spese generali e aumenta il valore degli esperti *sfruttatori* dell'era digitale, rispetto a quelli che giocano secondo regole obsolete.

Molte aziende, in particolare le aziende solo online, possono raccogliere ampi frutti espandendosi in paesi non nativi. Uno di questi esempi è questo libro, e gli altri gestiti dalla mia agenzia: quasi il 60% delle nostre vendite proviene da fuori dagli Stati Uniti, anche se la maggior parte dei libri che vendiamo sono acquistati in inglese.

Questi sono solo alcuni dei motivi per cui il marketing digitale e sociale hanno fatto irruzione sulla scena e perché innumerevoli aziende si stanno spostando verso le opportunità presenti in questi campi.

Io Non sto cercando di addolcire la realtà di un ambiente competitivo complesso e in rapida evoluzione. Il marketing digitale e sui social media non cambierà la vita di ogni azienda. Piuttosto, ogni azienda può beneficiare di una varietà di opportunità a basso impatto presenti nello spazio digitale, mentre per una buona parte, le strategie presentate in questo libro saranno davvero rivoluzionarie.

Ora comprendiamo l'importanza di diventare social. Nell'interesse della comprensione dal basso, che cos'è esattamente il m sociale

Social What-now?

Un Il libro sul social media marketing deve prima rispondere alla domanda su cosa siano esattamente i social media: sì, i bambini di oggi sembrano essere sempre su di esso, mentre alcuni giurano sui suoi effetti negativi, ma cos'è veramente?

Ambiente socialeGli UM sono meglio definiti come comunità online che consentono agli utenti di interagire tra loro. In questo modo, è un campo piuttosto ampio: basti pensare a ogni volta che scrivi una chat di gruppo sul tuo telefono, scorri Wikipedia o visualizzi un post condiviso da un vecchio amico. In tutti questi casi, le persone interagiscono tra loro su Internet: questo è ciò che i social media significano fondamentalmente.

Il social media marketing non riguarda solo la pubblicazione di video o il pagamento di influencer. Si tratta di sfruttare i modi in cui in cui le persone interagiscono online per portare i tuoi prodotti e servizi in più mani. Questo si ricollega alla domanda se valga la pena socializzare, in effetti, è imperativo diventare social perché i social media sono il tipo di interazione su cui si basa il mondo moderno.

Oggi, le applicazioni di social media più popolari operare su un sistema UGC o contenuti generati dagli utenti. UGC significa che le persone che utilizzano un determinato sito Web o app (come

Facebook o YouTube) creano contenuti con cui altri utenti interagiscono e così via, in modo ciclico all'infinito. A causa di UGC, tutti i siti di social networking più popolari sono gratuiti e si basano sulla vendita di pubblicità per fare soldi. In questo modo, i siti di social networking continuano ad esistere solo a causa delle aziende che scelgono di fare pubblicità con loro. Il fatto stesso che le aziende continuino a fare pubblicità sulle applicazioni social significa che la pubblicità continua ad essere una strategia aziendale praticabile, mentre le esplosioni nelle industrie della creazione di contenuti e dell'influencer marketing parlano della fattibilità dei contenuti come strategia aziendale.

Come detto, questo libro mira a fornire una guida completa al marketing digitale e dei social media per le piccole imprese. Sarà pubblicato per la prima volta nell'autunno del 2022 e si aggiornerà ogni anno per riflettere i campi in rapida evoluzione e le opportunità che esplora. Si modellerà al feedback fornito dai proprietari di piccole imprese reali. Per fornire tali feedback e consigli per i futuri imprenditori mentre tu e la tua attività progredite utilizzando i metodi e le strategie presenti in questo libro, vi preghiamo di inviarci un'e-mail riguardante sia ciò che ha funzionato e ciò che non ha funzionato, o con domande, a <u>team@smmfsb.com</u>.

Non vedo l'ora Abbiamo diviso il testo in due parti di alto livello. Costruisce un quadro strategico concettuale nei primi quattro capitoli. Continua quindi con un'esplorazione dettagliata del social media marketing, della pubblicità sociale, della creazione di contenuti e degli argomenti correlati compresi nella più grande sfera del marketing digitale.

Questo libro è stato scritto appositamente pensando ai proprietari di piccole imprese e agli imprenditori. Le piccole imprese e i loro proprietari costituiscono la spina dorsale di tutte le attività economiche e non dovrebbero

si trovano limitati in modo competitivo a causa della mancanza di conoscenza. Questo è lo scopo trainante del testo. Prego che ti renda giustizia.

Inizia con la strategia

Il lavoro è solo metà dell'equazione; Lo smart work è l'altra metà. Allo stesso modo, far crescere la tua attività attraverso mezzi digitali significa tanto sapere cosa fare quanto come farlo. Anche le strategie digitali meglio eseguite falliscono se applicate a piattaforme non ottimali o, peggio ancora, se progettate per raggiungere obiettivi sbagliati.

Queste ragioni sono il motivo per cui viene posta tale enfasi sulla strategia in tutto questo libro. Arriveremo all'esecuzione e a tutti i suggerimenti e i trucchi sul campo, ma fidati di me in quel pensiero di alto livello è dove inizia qualsiasi attività di successo, operante in qualsiasi campo o regno.

Tre livelli Crea il profilo strategico della tua attività: strategia del marchio, strategia digitale e strategia sociale. Mentre l'attenzione generale di questo libro è sugli ultimi due, esamineremo tutti e tre i livelli per garantire che la tua attività inizi con solide basi.

Strategia del marchio

La strategia del marchio è tutta una questione di identità. Esplora le domande su cos'è la tua attività, perché esiste e cosa sta cercando di ottenere. Inchiodare la strategia del tuo marchio ti assicura di poter comunicare in modo efficace
il tuo marchio, che ti aiuterà a raggiungere i tuoi clienti target e far crescere il tuo business.

Innanzitutto, cos'è un marchio? Consideriamo il tuo marchio come il modo in cui le persone (incluso te) vedono la tua attività. La strategia di marca riguarda la messaggistica che infonde ai potenziali clienti una visione favorevole della tua attività: prima di condividere quel messaggio, tuttavia, devi assicurarti che rappresenti accuratamente la tua attività e abbia senso dal punto di vista del marketing.

Per creare la tua strategia di marca, chiediti le seguenti domande. Si consiglia di articolare i propri pensieri in un diario o in uno spazio altrimenti espansivo:

1.   A chi è rivolta la tua attività? Qual è il problema che risolve, o ha bisogno e vuole che soddisfi?

2.   Perché i clienti dovrebbero venire da te rispetto ai concorrenti? Sei più economico, di qualità superiore o migliore per l'ambiente? Qual è la tua missione e quali sono i tuoi valori?

3.   Come vuoi che si senta la tua attività? Potresti trovare che questo sia uno strano esercizio, ma provalo: immagina la personalità, il tono e l'atmosfera dell'azienda come se fosse una persona.

Queste domande soddisfano la parte concettuale della strategia del marchio, che può essere pensata come l'essenza del tuo marchio: in poche parole, è ciò che rende la tua attività quello che è. Aggiungi un po 'di sostanza a queste idee nei seguenti passaggi:

1.   Crea un elevator pitch per la tua attività in poche frasi.

2. Scegli alcuni slogan forti che comunichino lo scopo della tua attività.

3. Se non l'hai già fatto, assicurati di aver pensato alla combinazione di colori, al logo e alla tipografia che meglio rappresentano la tua attività.

Nel prendere questi passaggi, dovresti avere un'idea molto più chiara, o almeno una che sia fisicamente scritta, di ciò che è la tua attività e di come puoi comunicarla al meglio al mondo.

Con questo passaggio completato, possiamo spostarci passiamo alla strategia digitale e alla strategia social.

Strategia digitale

La strategia digitale è un'arte di assoluti: con il messaggio e l'identità del tuo marchio chiaramente definiti, la creazione della tua strategia digitale riguarda più i metodi e i principi digitali effettivi che utilizzerai per far crescere la tua attività.

Strategia digitale, come per tutte le strategie appropriate, inizia con gli obiettivi. Va inserito anche un secondo tassello spesso dimenticato, ovvero la chiarezza sugli effettivi indicatori chiave di prestazione (KPI)s) utilizzato per misurare i progressi verso gli obiettivi digitali.

Per identificare l'obiettivo della tua strategia digitale, inizia con l'obiettivo di alto livello della tua attività. Stai cercando di fare più soldi possibili? Sei meno interessato alla crescita e preferisci dare priorità alla stabilità? O stai cercando di raggiungere il maggior numero possibile di persone?

Prenditi del tempo per considerarlo (sii onesto con te stesso!) e scrivilo in una frase.

Questa frase costituisce la base della tua intera strategia digitale. Un grave errore della maggior parte delle aziende nell'entrare nello spazio digitale è che lo fanno ad occhi chiusi: su qualche idea di stare al passo con i tempi ma senza idea del perché siano lì, queste aziende alla fine non riusciranno a sfruttare appieno la gamma di strumenti digitali a loro disposizione secondo la loro mancanza di coesione.

Non si tratta solo di avere un obiettivo: una volta identificato il tuo, lavora a ritroso per specificare le metriche sociali chiave che utilizzerai per misurare i tuoi progressi verso quell'obiettivo. Ecco alcune delle metriche più comuni utilizzate dalle aziende per misurare il loro successo digitale:

Visualizzazioni: se il tuo obiettivo è mettere quanti più occhi possibili sulla tua attività, le visualizzazioni sono ciò di cui si tratta.

Chiamate di vendita: se la tua azienda effettua l'onboarding dei clienti tramite chiamate, il numero di chiamate (o clienti) generate digitalmente è un'ottima metrica da considerare.

Ritorno sulla spesa pubblicitaria (ROAS): se la tua azienda utilizza gli annunci, il ritorno sulla spesa pubblicitaria è la metrica principale per determinare la redditività degli annunci.[1]

---

[1] ACOS (costo pubblicitario delle vendite) è utilizzato su alcune piattaforme.

Riunioni prenotate: se la tua azienda opera da una sede fisica, il numero di riunioni prenotate online potrebbe essere la tua principale misura del successo.

Unità vendute: se la tua azienda vende prodotti online, più unità vendute, meglio è!

L'elenco precedente potrebbe non includere una metrica adatta al tuo modello di business. In tal caso, inizia con il tuo obiettivo e poniti la domanda "di cosa ha bisogno di più la mia azienda per raggiungere i suoi obiettivi?"

Qualunque sia la tua risposta, è probabile che sia la metrica su cui è costruita la tua strategia di marca.

La maggior parte delle aziende che operano online non hanno questo elemento critico in atto: misurano il successo dal numero di follower o visualizzazioni che ottengono, nonostante quei numeri appariscenti non riflettano il successo della strategia digitale dell'azienda, né considerino le metriche che contribuiscono in modo significativo alla sua visione e ai suoi obiettivi. Prenditi un momento per annotare il tuo KPI.

Come parte della tua strategia digitale, ora hai chiaro cosa stai cercando di ottenere e come misurerai il successo. Il passo successivo è determinare quali piattaforme, metodi e strategie contribuiscono in modo ottimale alla realizzazione del tuo KPI.

Si noti che esistono due bucket generali di strategie digitali: marketing a pagamento e marketing organico. Il marketing a pagamento consiste nella pubblicità digitale (che si presenta in molte forme, pensa). Il marketing organico riguarda principalmente la creazione di presenza sociale come primo passo, seguito dalla creazione di contenuti e indirizza il traffico verso la tua attività senza pagare direttamente per traffico o lead.

Prima di prendere una decisione su ciò che è meglio per la tua azienda, tieni presente che Le grandi strategie digitali incorporano elementi di marketing digitale sia organico che a pagamento, spesso in modo intrecciato (ad esempio, la pubblicità per aiutare i contenuti organici a funzionare meglio). Inoltre, considera che di solito è meglio sperimentare con ciascuno, poiché Non si sa mai cosa avrebbe potuto essere un punto di svolta a meno che tu non ci abbia provato. Per fortuna, la maggior parte delle piattaforme pubblicitarie rende la sperimentazione a basso costo e a basso sforzo.

Sebbene incorporare elementi di ciascuno sia ottimale, ecco i profili delle aziende che sono meglio servite da ciascuna strategia digitale globale:

Marketing digitale a pagamento: quasi tutte le aziende possono essere servite da qualche tipo di pubblicità online.

Gli annunci mirati geograficamente funzionano meglio per le aziende che operano da un luogo fisico, come negozi a conduzione familiare o rivenditori di tecnologia.

Gli annunci mirati agli interessi, così come le sponsorizzazioni e l'influencer marketing (tutti aspetti che esploreremo), funzionano meglio per le aziende che offrono prodotti o servizi che possono essere acquistati online, come un artista che vende stampe naturalistiche o un tutor online.

Marketing digitale organico: ancora una volta, la maggior parte delle aziende può beneficiare di un qualche tipo di marketing digitale organico. A livello di base, tutte le aziende dovrebbero assicurarsi che le informazioni su di loro siano disponibili online (qualcosa che tratteremo a fondo nella prossima sezione) e stabilire una mailing list che consenta loro di raggiungere i clienti con notizie, aggiornamenti e lanci aziendali e qualsiasi altra informazione pertinente.

A un secondo livello di marketing organico, qualsiasi azienda che beneficia di un maggiore coinvolgimento della comunità dovrebbe condividere regolarmente contenuti che attraggano e facciano crescere la sua comunità (online o offline). Entreremo più avanti nei tipi e nei processi di creazione dei contenuti.

A un livello finale di marketing organico, le aziende che vendono prodotti o servizi online dovrebbe creare regolarmente contenuti progettati

per far crescere un pubblico e convertirlo in clienti paganti. L'intero concetto di costruzione dell'imbuto sarà esaminato a lungo.

Con tutto questo in mente, prenditi un momento per considerare e scrivere le strategie digitali che serviranno meglio la tua attività.

A questo punto, dovresti avere un'idea chiara dell'obiettivo che stai cercando di raggiungere, il KPI che meglio serve l'obiettivo e la migliore strategia digitale per massimizzare quel KPI. Questi passaggi ti portano in una buona posizione in termini di visione digitale e strategia per la tua azienda.

Mentre leggi da qui in poi, mantieni sia la tua strategia di marca che la strategia digitale nella parte posteriore della tua testa come quadro generale da riempire con tutte le informazioni in arrivo.

Strategia sociale

La strategia sui social media completa il livello finale della nostra piramide della strategia digitale. Implica la creazione della presenza sociale di un'azienda, piattaforme social su cui l'azienda dovrebbe pubblicare contenuti e strategia dei contenuti. Stabilirai una strategia di social media per la tua attività attraverso il sistema MAGIC: obiettivi, pubblico, mezzo, contenuti e implementazione.

Gli obiettivi e il pubblico sono già stati introdotti durante gli esercizi di strategia del marchio e strategia digitale. Prenditi del tempo per costruire su di loro, specialmente quando si tratta di pubblico. Espandi il tuo pensiero su chi serve la tua azienda identificando il tuo target demografico (le persone che stai cercando di raggiungere) e i loro interessi. Questi sono i profili che utilizzerai per progettare contenuti social e indirizzare i clienti su piattaforme pubblicitarie a pagamento.

Inoltre, assicurati che il tuo KPI di strategia digitale abbia senso in un contesto di social media. Per esempio "visualizzazioni" trasferimenti su

facilmente come KPI poiché viene utilizzato in un contesto digitale e sociale, ma qualcosa come "prenotazioni online" è più misurabile come "link clink" poiché i clic sui collegamenti incorporati nei profili dei social media sono l'azione diretta su una piattaforma di social media che porta al KPI generale.

In questo modo, considera i passaggi che desideri che i clienti intraprendano e considera l'ultimo passo che desideri che i clienti intraprendano su una piattaforma di social media. Questo, in sostanza, è il KPI della tua attività nel contesto dei social media.

Successivamente, considera i **social media,** o piattaforme, attraverso i quali puoi soddisfare al meglio i tuoi KPI di strategia sociale. Alcune delle piattaforme che esploreremo richiedono semplicemente che la tua azienda sia presente attraverso un profilo inattivo o semi-attivo. Questo bucket di piattaforme non richiede contenuti creati appositamente per loro a meno che la tua attività non si adatti alla nicchia della piattaforma (prendi Pinterest e design). Le prime quattro piattaforme che stiamo esaminando (oltre al sito web, che è un requisito assoluto) sono di uso generale e richiedono contenuti specializzati se le riconosci come un prezioso mezzo sociale per la tua attività. I prossimi due sono meno importanti ma sono comunque grandi (e alla fine redditizi) su cui costruire. Gli ultimi due richiedono profili, ma non hanno bisogno di contenuti specializzati a meno che non si adattino al tuo piano MAGIC.

Non posso sottolineare l'importanza di avere una presenza sociale su tutte queste piattaforme. Questo passaggio del piano MAGIC è piuttosto dove dovresti decidere su quali piattaforme impegnerai la tua attività per pubblicare contenuti e perseguire attivamente la crescita.

Sito web: il tuo sito web è il volto digitale e il fulcro del tuo business. Fornisce ai clienti un modo semplice per conoscere la tua attività e acquisire tutte le informazioni di cui potrebbero aver bisogno. È anche un
opportunità per te di vendere prodotti o servizi online, pubblicare contenuti, creare una mailing list e indirizzare gli spettatori verso i tuoi altri profili digitali. In sintesi, tutte le aziende devono avere un sito web di qualità al giorno d'oggi.

Instagram: Instagram è una delle piattaforme di social media più integrate e sfaccettate. È iniziato come piattaforma di condivisione di foto, ma si è espanso per includere una moltitudine di tipi di contenuti attraverso i rulli di Instagram (video in forma breve), o meno di un minuto di durata), video Instagram (video di lunga durata, o più di un minuto di durata), storie (contenuti foto/video che scompaiono), shopping su Instagram e Instagram live. Molte aziende possono elencare i loro prodotti direttamente all'interno dell'app Instagram. Indipendentemente da ciò, la produzione di contenuti su Instagram è un must per quasi tutte le piccole imprese, sia che il tuo obiettivo sia quello di creare un pubblico o connettersi con le comunità locali.

Facebook: Facebook è stato il primo servizio di social media oltre i blog a raggiungere l'utilizzo mainstream. Come Instagram, consente di condividere più tipi di contenuti, inclusi testo, foto, video e livestream. Facebook è un must per tutte le piccole imprese.

Google: il tuo profilo aziendale Google è il modo in cui gli utenti Google (ovvero tutti) possono ottenere rapidamente informazioni sulla tua attività attraverso motori di ricerca come Chrome e Google Maps. Yelp funziona in modo simile ai profili Google Business e, sebbene non sia trattato d'ora in poi, considera di seguire lo schema presentato nella prossima sezione di configurazione del profilo Google Business per rivendicare la tua pagina Yelp su business.yelp.com.

YouTube: YouTube è il sito di condivisione video per eccellenza costituito principalmente da video di lunga durata (oltre dieci minuti) e video in forma breve attraverso i cortometraggi di YouTube. È un buon posto per ospitare alcune procedure dettagliate o video introduttivi per la tua attività. Su qualsiasi scala più ampia o più coerente, la produzione di video YouTube di lunga durata di qualità è un'attività ad alto investimento ideale per le aziende che operano online; Prendiamo le società di software o le agenzie digitali. I cortometraggi di YouTube, tuttavia, sono un luogo facile per condividere i video in forma breve che la tua attività produce, se presenti, per la distribuzione principale su altre piattaforme.

TikTok: TikTok è il giocatore dominante nello spazio della forma breve. La sua piattaforma pubblicitaria rappresenta una grande opportunità per le aziende che vendono prodotti o servizi online, mentre l'intera piattaforma è un ottimo modo per presentare le persone su larga scala alla tua azienda e alla tua comunità.

LinkedIn: LinkedIn è l'app di networking principale per aziende e professionisti; Tutti i tipi di contenuti possono essere condivisi su di esso, ed è un ottimo modo per quasi tutte le aziende (e proprietari di piccole imprese!) di creare connessioni professionali, reclutare talenti e interagire con un pubblico locale.

Cinguettare: Twitter è la classica applicazione di condivisione di testo in forma abbreviata. È un ottimo modo per pubblicare aggiornamenti rapidi sui tuoi prodotti, servizi e attività. È la soluzione migliore per le aziende che non cercano specificamente di raggiungere un pubblico locale, ma piuttosto di raggiungere un pubblico più ampio non limitato dalla geografia.

Pinterest: Pinterest è una piattaforma di condivisione di foto visive. È meglio per le aziende con una sorta di identità fisica associata ai loro prodotti o servizi, come marchi di moda, gestori immobiliari o simili, così come qualsiasi attività rivolta principalmente alle donne (poiché l'85% degli 80 milioni di utenti di Pinterest sono donne).

Con queste descrizioni in mente, prenditi del tempo per considerare le piattaforme che meglio servono alla massimizzazione dei tuoi obiettivi sociali.

Il prossimo passo nel sistema MAGIC è il contenuto. Questo si suddivide in base al tipo di contenuto e alla regolarità dei contenuti che la tua azienda creerà e condividerà sulle piattaforme identificate. Il contenuto si suddivide in quattro possibili categorie:

Immagine: questa categoria rappresenta tutti i contenuti condivisi come fotogramma, siano essi fotografie di prodotti o immagini di progettazione grafica che descrivono in dettaglio un messaggio pubblicitario.

Video: questa categoria include contenuti video in forma breve (durata inferiore a un minuto) e in forma lunga (oltre un minuto).

Scrittura: questa categoria è ampia e include diversi tipi di contenuti degni di nota: e-mail, blog e testo sono i tre grandi.

Audio: Sebbene meno popolare per le aziende, il contenuto audio consiste principalmente di podcast ed eventi live solo audio.

Il tipo di contenuto che crei dipende dai social media che hai scelto come quelli da perseguire. Di seguito sono riportati i tipi di contenuto presenti su ciascuna piattaforma descritta:

- Sito web
    - Tutti i tipi di contenuto
- Profilo Instagram
    - Foto, video, live
- TikTok
    - Video in formato breve, dal vivo
- Collegamenti esterni
    - Foto, video, live
- Collegamenti esterni
    - Video, in diretta
- Cinguettare
    - Breve dalla scrittura
- Accedi
    - Scrittura, video, live
- Pinterest
    - Foto, video

Le migliori pratiche per la creazione di contenuti sono esplorate più avanti nel libro. Per ora, annota i tipi di contenuto che la tua azienda produrrà e condividerà.

A questo punto, sai a cosa stai mirando, per chi stai producendo contenuti, su quali piattaforme condividerai il contenuto e quale forma assume.

Il passo finale del sistema MAGIC è determinare l 'implementazione. L'implementazione si riferisce ai processi che devono essere messi in atto per trasformare la tua strategia digitale e sociale in una realtà nella tua azienda.

Questo varia drasticamente in base al tipo di attività: un singolo imprenditore che gestisce la propria attività di tutoraggio online non funzionerà allo stesso modo di un'attività di contabilità di trenta persone, ad esempio, quando si tratta di pubblicità o creazione di contenuti. Esploreremo modi per massimizzare l'efficienza di processi come la creazione di contenuti nel sesto capitolo.

In generale, i sistemi e le pratiche che dovrai considerare quando si tratta di social media si riducono a quanto segue:

Gestione tecnica: chi può gestire le profondità di un sito WordPress o Shopify? Questo è richiesto come minimo durante la creazione di un sito Web o di qualsiasi altro processo digitale che richieda conoscenze tecniche (a meno che tu o il tuo personale non siate disposti a imparare da soli) e deve essere presente a un certo livello in seguito per evitare che semplici errori tecnici si trasformino in impedimenti inutili (ad esempio, non attivare gli aggiornamenti automatici per i plugin di WordPress e di conseguenza bloccare il sito Web).

Ideazione e iterazione del contenuto: ideazione e creazione sono meglio pensate come processi separati. Come influencer di lunga data, ho scoperto che l'ideazione e la creazione di contenuti nella stessa finestra è inutilmente stressante e quasi sempre si traduce in contenuti di qualità inferiore. La creazione di contenuti futuri deve essere legata all'analisi e alle prestazioni dei contenuti recenti (ad esempio, se un video esplode, produci più video con uno stile o un messaggio simile, mentre se un video non funziona bene, smetti di produrre quel tipo di contenuto).

Creazione di contenuti: può assumere molte forme, in quanto consiste nella creazione di contenuti attraverso una miriade di diversi tipi di contenuti: scrittura, foto, video, ecc.

Pianificazione, pubblicazione e gestione: pubblicazione di contenuti, risposta a commenti e messaggi, aggiornamento dei profili e così via. Questo lavoro è poco qualificato, anche se richiede un certo grado di capacità di comunicazione, così come la conoscenza del business, date le sue interazioni regolari con i clienti.

Budget: molti processi di social media possono essere esternalizzati o automatizzati. Ciò comporta un prezzo anche a prescindere dal costo della pubblicità a pagamento. Sia che le spese derivino dal lavoro o dalla pubblicità, assicurarsi che gli sforzi digitali della tua azienda siano redditizi e adeguare i budget corrispondenti secondo tali informazioni è un processo regolare che è importante implementare.

Mentre questi processi coprono la maggior parte di ciò di cui la tua azienda ha bisogno per operazioni di successo, potrebbe essere necessario creare sistemi alternativi per gestire altre attività che si presentano. In questi casi, mirare ad automatizzare e semplificare quando possibile, mantenendo una visione e una missione coerenti su tutta la linea. Come suggerimento rapido, tieni presente che i giovani sono spesso disposti a lavorare come stagisti non retribuiti quando si tratta di lavoro sui social media.

Ora siamo arrivati alla fine del sistema MAGIC. Dovresti avere un'idea chiara di quanto segue:

- Ciò che la tua azienda si propone di raggiungere sui social media e nell'ambiente digitale.
- Il tipo di persone che raggiungerete.
- Le piattaforme su cui progredirai.
- Il tipo di contenuto che creerai.
- I processi che implementerai nella tua azienda per far sì che tutto accada.

Ora avete completato tutti e tre i livelli strategici. Hai chiarezza su chi sei e cosa farai come azienda che opera online.

Ciò che resta è farlo: il resto del libro è un'immersione profonda nel portare i passaggi che hai delineato in realtà, iniziando con una guida per impostare una presenza digitale per la tua azienda.

I tre livelli di strategia.

Stabilire la tua presenza digitale

Indipendentemente dai contenuti o dalla strategia dei social media, un passo necessario per tutte le piccole imprese è la creazione della loro presenza digitale attraverso la creazione di profili social attraverso le piattaforme elencate nel terzo capitolo. Ciò serve a diversi scopi: fornisce una maggiore esposizione per l'azienda attraverso i motori di ricerca, garantisce che le informazioni possano essere trovate sull'azienda e protegge i nomi utente, nonché gli account, per un uso futuro.

È importante impostare i profili social in modo da fornire agli spettatori un livello di base di informazioni sulla tua attività e posizionarsi bene negli algoritmi. Ciò garantisce che se le persone cercano la tua attività o un servizio / prodotto del tipo che fornisci ovunque online, il tuo profilo apparirà vicino alla cima. Ancora una volta, indipendentemente dalla tua strategia di contenuto, questo è un imperativo assoluto.

Ogni piattaforma ha le proprie best practice per la creazione di profili. Su tutta la linea, cerca di proteggere il nome utente che meglio rappresenta la tua attività. Escludi numeri e caratteri di sottolineatura quando possibile e riduci la lunghezza. Considera alcuni esempi (in rosso ci sono i nomi utente che non useresti, in verde ci sono i nomi utente che useresti):

Mary'sB&B: mary_bed_breakfast | marysbedandbreakfast | marysbnb

Omni: omninewyork | omni2 | omni_besttech | Omni

Wholer Foods: wholerfoods4u | wholer_foods_nyu | alimenti integrali

Su tutta la linea, avrai bisogno di una foto del profilo di qualità. In genere lo renderai il logo della tua azienda, tieni presente che più è chiaro e meno affollato, meglio è. Assicurati di personalizzare il tuo logo se altrimenti non si adatta a un'impostazione della foto del profilo.

I nomi utente e le foto del profilo sono gli elementi essenziali per tutta la piattaforma: di seguito sono riportate le best practice per la creazione di profili social per piattaforma, classificati in ordine di importanza: [2]

Google Business

I profili dell'attività sono un servizio offerto da Google per rendere la tua attività ricercabile attraverso i motori di ricerca e le app di mappe. Se la tua azienda ha una sede fisica, questo è un primo passo essenziale e garantito per indirizzare più traffico verso la tua posizione. I profili aziendali sono anche il luogo in cui i clienti possono lasciare recensioni sulla loro esperienza, che possono

---

[2] Su tutte le piattaforme, prova a verificare il tuo profilo. Questo di solito richiede solo che la tua azienda sia stata descritta in articoli pubblicati dalle principali organizzazioni mediatiche. Mentre le istruzioni per ottenere la verifica variano in base alla piattaforma, assicurati di informarti sul processo e invia una richiesta di verifica una volta che la tua azienda soddisfa i requisiti dei media.

ulteriormente servire come prova sociale per convertire il traffico digitale in clienti reali. In qualità di proprietario del profilo della tua attività, puoi rispondere a domande, rispondere alle recensioni, impostare avvisi, abilitare la messaggistica diretta e pubblicare post.

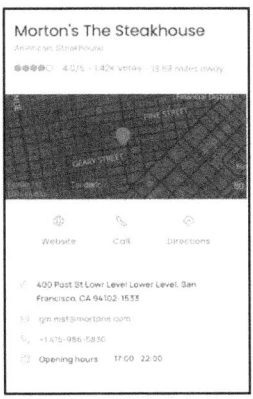
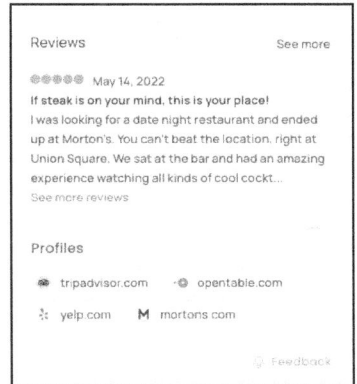

Nota questo profilo Google Business per Morton's Steakhouse, che viene visualizzato quando i locali cercano "steakhouse" o "steak vicino a me". In questo modo, i profili Google Business introducono efficacemente i clienti al ristorante e li indirizzano verso la posizione fisica.

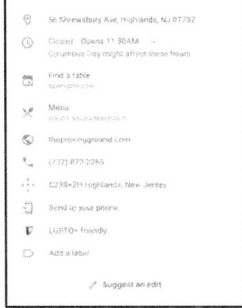
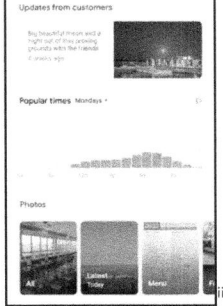

Questo profilo Google Business è ricercabile su Google Maps. Fornisce informazioni utili ai potenziali clienti, come orari, mezzi di contatto, orari popolari e link di prenotazione.

Su Google, i profili dell'attività sono collegati alla posizione fisica, al nome e alla categoria dell'attività. Chiunque può inviare una sede per un profilo aziendale, il che significa che la tua azienda può avere già un profilo. In tal caso, dovrai rivendicare il profilo e costruire su di esso. In caso contrario, dovrai crearne uno per la tua attività.

Per rivendicare un profilo, cerca prima la tua attività (tramite l'indirizzo o il nome) su Google Maps. Quindi, fai clic su "richiedi questo profilo" e segui le istruzioni.

Per creare un profilo, vai su google.com/business e fai clic su "gestisci ora". Fai clic su "aggiungi la tua attività a Google" e inserisci le informazioni necessarie. Ciò include il nome dell'azienda, l'indirizzo, l'area di servizio, la categoria dell'attività e i dettagli di contatto.

Una volta creato o rivendicato il tuo profilo, ottimizzalo per ottenere buoni risultati nei motori di ricerca attraverso i seguenti passaggi:

Logo e descrizione. Queste sono le basi. Aggiungi un logo visivamente piacevole e una descrizione che copre le attività e le offerte dell'azienda. Pensa alla descrizione come a un elevator pitch:

trasmetti l'idea e la proposta di valore in modo conciso, grammaticalmente corretto e intuitivo per gli algoritmi.[3]

Aggiungi foto e video. Gli aiuti visivi aggiungono profondità, migliorano la legittimità e attirano l'attenzione. Includi contenuti che coprono l'esterno della sede fisica dell'azienda (se presente), l'interno, i prodotti o i servizi offerti e il team.

Dati di contatto. Aggiungi orari di ufficio e informazioni di contatto. Per tenere traccia delle chiamate provenienti dal profilo aziendale, aggiungi un numero univoco che non viene visualizzato da nessun'altra parte.[4]

Acquisisci e gestisci le recensioni. Incentivare i clienti in qualche modo a lasciare una recensione o chiedere ai clienti abituali e agli amici di lasciare recensioni. Ti consigliamo di assemblare almeno alcune dozzine di recensioni a 4.5+ stelle prima che la prova sociale sia ampiamente raggiunta. Successivamente, ottenere più recensioni non deve essere una priorità. Inoltre, prenditi del tempo per rispondere alle recensioni, sia positive che negative.

Aggiungi prodotti e servizi. Questa è una funzionalità drammaticamente sottoutilizzata, quindi sfruttala appieno. Nella

---

[3] Per algoritmo amichevole, intendo descrivere l'attività e le attività commerciali utilizzando parole chiave comuni e voci di ricerca, non il tempo per le parole grosse!

[4] Sebbene Google My Business fornisca analisi dell'attribuzione delle chiamate nel rapporto Insights, copre solo i dispositivi mobili click-to-call, non tutte le chiamate effettuate tramite quel numero

dashboard di Google My Business, seleziona "prodotti" nel menu a sinistra. La scheda prodotti ti consente di aggiungere merce (sia fisica che digitale) e servizi direttamente al tuo profilo GMB (i ristoranti dovrebbero aggiungere offerte sotto i piatti popolari e le funzioni di menu, non attraverso i prodotti). Questo è uno strumento potente perché i prodotti elencati possono posizionarsi direttamente nei risultati di ricerca, inviando così ai clienti che cercano non solo la tua attività o categoria di attività, ma anche prodotti specifici. Quando metti in vendita prodotti e servizi, assicurati che le tue foto siano numerose e di alta qualità. Assumere un fotografo, o lavorare con un amico hobbista, ne vale la pena. Come nella descrizione del profilo dell'attività di Google, prova a incorporare parole chiave nel nome e nella descrizione del prodotto (in modo ragionevole

estensione: il sovraccarico è controproducente). Hai 1000 caratteri per descrivere il prodotto, quindi sfrutta appieno quello spazio. Inoltre, anche se non è necessario aggiungere informazioni sui prezzi, è fantastico farlo se i prezzi non cambiano spesso. Infine, scegli un pulsante di invito all'azione adatto al tuo funnel; Se vendi online, il pulsante "ordina online" in genere funziona meglio, mentre se vendi solo in un luogo fisico, "Ulteriori informazioni" o "Acquista" è la strada da percorrere (questi pulsanti dovrebbero quindi reindirizzare a una pagina di destinazione che incoraggia i clienti a interagire fisicamente con la tua attività). Utilizzando questi suggerimenti, elenca prodotti e servizi al volume massimo consentito dalla tua attività, poiché più inserzioni serviranno solo ad aumentare le classifiche e ad aumentare il traffico.

Controlla regolarmente le informazioni. In Analytics nella dashboard di Google My Business, puoi visualizzare le voci di ricerca inserite dai clienti per trovare il profilo della tua attività, le azioni che eseguono una volta sul profilo e il rendimento relativo dei contenuti sul profilo. Controlla queste analisi a intervalli regolari per identificare le tendenze di interesse dei clienti. Usa queste informazioni per ottimizzare ulteriormente il tuo profilo GMB, così come la tua più grande presenza sociale.

Profilo Instagram

La configurazione di un profilo Instagram ottimizzato inizia con il nome utente. Scegli un nome utente e un'immagine del profilo secondo le linee guida sulle migliori pratiche a pagina ventidue. Scegli una categoria che rappresenti la tua attività e assicurati che la categoria sia impostata come pubblica sul profilo. Allo stesso modo, inserisci il nome completo dell'attività o lo slogan dell'attività nella sezione "nome" (soprattutto se il nome è troppo lungo per funzionare come nome utente) e collega la home page della tua attività nella sezione del sito web.

Utilizza la seguente struttura come punto di partenza per scrivere la tua descrizione di Instagram:

- Inizia con una o due righe che evidenziano i servizi o i prodotti forniti dalla tua azienda e identificano il tuo pubblico di destinazione. Non renderlo eccessivamente lungo o prolisso: concentrati sulla semplicità e sulla chiarezza.
- Includi un invito all'azione derivato dalla tua strategia digitale. Stai cercando di attirare spettatori e follower social sul tuo sito web? Stai cercando di convincerli a organizzare una chiamata con te o a visitare la sede fisica della tua attività? Qualunque cosa sia, usa questa linea per incentivare o spingere gli spettatori a seguire quella strada.

- Se hai una promozione speciale, un'offerta o un nuovo prodotto / servizio che verrà lanciato presto, considera di inserirlo nella biografia come riga.
- Su tutta la linea, incorpora emoji per aggiungere colore e pizzazz e incorpora parole chiave che descrivono la tua attività e le sue offerte.

Nota le seguenti cose da fare e da non fare:

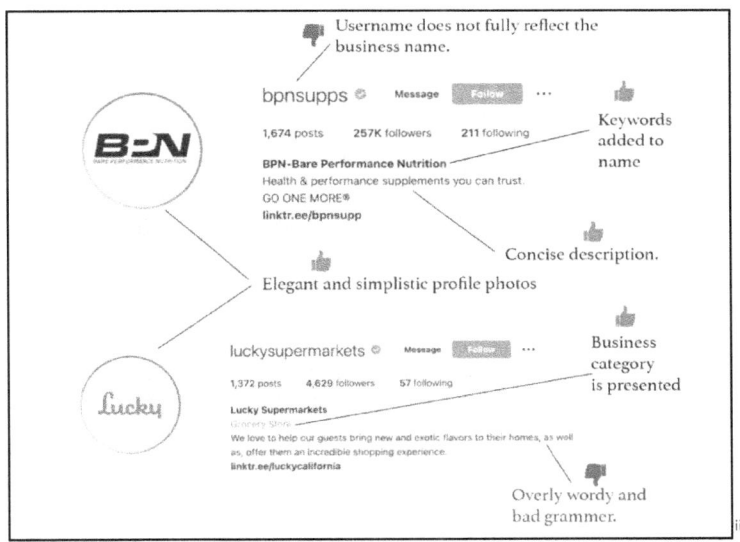

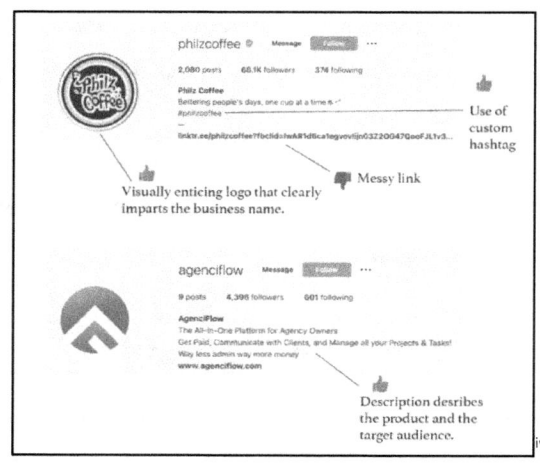

philzcoffee

2,080 posts   66.1K followers   374 following

Philz Coffee
Bettering people's days, one cup at a time 6
#philzcoffee ——————————— Use of
— custom
linktr.ee/philzcoffee?fbclid=IwAR1d6ca1egvovljn03220047GooFJL1v3... hashtag

👍 Messy link

👍
Visually enticing logo that clearly
imparts the business name.

agenciflow   Message   Follow   ...

9 posts   4,398 followers   661 following

AgenciFlow
The All-In-One Platform for Agency Owners
Get Paid, Communicate with Clients, and Manage all your Projects & Tasks!
Way less admin way more money
www.agenciflow.com

👍
Description desribes
the product and the
target audience.

iv

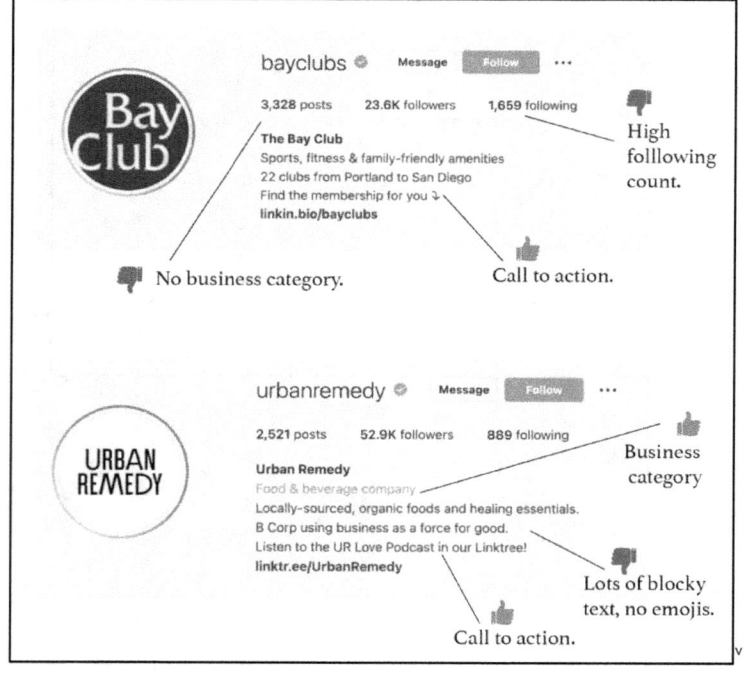

bayclubs ⊘   Message   Follow   ...

3,328 posts   23.6K followers   1,659 following   👎

High
folllowing
count.

The Bay Club
Sports, fitness & family-friendly amenities
22 clubs from Portland to San Diego
Find the membership for you ↴
linkin.bio/bayclubs

👎 No business category.   👍 Call to action.

urbanremedy ⊘   Message   Follow   ...

2,521 posts   52.9K followers   889 following   👍

Business
category

Urban Remedy
Food & beverage company
Locally-sourced, organic foods and healing essentials.
B Corp using business as a force for good.
Listen to the UR Love Podcast in our Linktree!
linktr.ee/UrbanRemedy

👎 Lots of blocky
text, no emojis.

👍 Call to action.

v

Una volta completata la tua biografia, vai alle impostazioni > account > passa all'account professionale. Questo trasferisce la tua pagina Instagram da un account personale a un account aziendale e ti consente di connetterti all'account Facebook associato della tua azienda. Gli account aziendali su Instagram hanno accesso a dati statistici sui post e sui follower, promozioni e opzioni di contatto del profilo.

Una volta che la pagina è migrata a un account professionale, aggiungi le opzioni di contatto al tuo profilo. È meglio aggiungere un numero di telefono, un indirizzo e-mail e indicazioni stradali alla tua posizione fisica (se questo si applica alla tua attività). Queste opzioni di contatto sono un passo importante nella conversione di spettatori e follower social su Instagram in clienti.

A questo punto, il profilo Instagram della tua azienda dovrebbe avere quanto segue:

- Nome utente.
- Foto del profilo succinta e visivamente accattivante.
- Categoria Business.
- Nome dell'azienda o slogan (riga del nome).
- Descrizione che introduce l'attività e le offerte associate, indica il pubblico di destinazione e presenta un invito all'azione.
- Conversione in un conto professionale.
- Opzioni di contatto.

La maggior parte del tuo lavoro viene svolto in termini di impostazione effettiva del profilo. Detto questo, quando si avvia un account, è una buona pratica aggiuntiva creare alcuni post introduttivi: questo assicura che non inizi da zero post quando condividi l'account. Questi dovrebbero fornire un livello base di informazioni e contenuti sulla tua attività, come la posizione fisica (se ce n'è una), il team o i fondatori, il sito web, una presentazione di bell'aspetto o un evento. Pubblica almeno tre post di questo tipo (i caroselli sono i migliori, anche se non obbligatori) in conformità con la creazione del profilo.[5] Una volta completato, il tuo profilo Instagram aziendale è pronto per il mondo.

Accedi

LinkedIn è la rete di social media per professionisti. Mentre è noto per la sua popolarità tra la comunità tecnologica, LinkedIn raggiunge una vasta comunità di oltre 800 milioni di membri e 58 milioni di aziende registrate. HubSpot ha scoperto che LinkedIn è il 277% più efficace nel generare lead rispetto a Facebook e Twitter, mentre l'80% dei lead B2B proviene da LinkedIn: per tutti questi motivi e molto altro, LinkedIn è un potente strumento di networking e marketing non solo per il tuo marchio personale ma per la tua attività.[6]

---

[5] I caroselli si riferiscono ai post di Instagram contenenti più di una foto.
[6] HubSpot ha messo il tasso di conversione visit-to-lead di LinkedIn al 2,74% contro lo 0,77% di Facebook e lo 0,69% di Twitter.

Le aziende su LinkedIn possono creare una pagina aziendale per promuovere i loro prodotti o servizi, pubblicare e condividere contenuti, identificare opportunità B2B, aumentare la presenza nella ricerca e identificare i candidati di lavoro.[7]

Per creare una pagina aziendale di LinkedIn, è necessario soddisfare i seguenti requisiti:

- Mantieni un profilo LinkedIn personale per almeno sette giorni, connettiti con i colleghi e ottieni una forza del profilo di almeno "intermedio".

- Mantieni un sito web aziendale e un'e-mail e inserisci te stesso come dipendente attuale della tua azienda nella sezione "esperienza" del tuo profilo LinkedIn.

Quindi, fai clic sull'icona "lavoro" nell'angolo in alto a destra della dashboard di LinkedIn e fai clic sul pulsante "crea una pagina aziendale". Scegli "piccola impresa", compila il profilo aziendale e fai clic su "crea pagina". Per ottimizzare completamente la pagina, eseguire questi passaggi aggiuntivi:

- Aggiungi una foto di copertina personalizzata (1584px x 396px). Questa immagine dovrebbe concentrarsi su un elemento centrale o sulla tua attività o prodotto e mirare a ridurre al minimo gli elementi di distrazione.

---

[7] Soprattutto attraverso le pagine LinkedIn Showcase, che sono un'estensione delle pagine aziendali di LinkedIn che enfatizzano e promuovono un determinato marchio o prodotto.

- Scrivi un riassunto nella sezione "informazioni" che descriva chiaramente la storia e i prodotti o servizi della tua attività. Incorporare le parole chiave (come sempre, in misura ragionevole) nel riepilogo.

- Se hai dipendenti, assicurati che abbiano profili LinkedIn personali ed elenca la tua attività come sede di lavoro. Assicurati di aggiungere un pulsante "seguici su LinkedIn" al tuo sito web.

- Se stai cercando di assumere (o ti trovi mai in una situazione del genere), puoi attirare dipendenti attraverso una pagina di carriera, che presenta la storia della tua azienda, i valori e le opportunità di lavoro ai potenziali candidati. Posso garantirlo personalmente: ho trovato il mio primo lavoro in assoluto attraverso LinkedIn.

- Crea e unisciti ai gruppi di LinkedIn. Prendi in considerazione la possibilità di creare un gruppo LinkedIn per la tua attività o un argomento relativo all'attività.

- Sfrutta gli strumenti di monitoraggio e analisi all'interno di LinkedIn, principalmente l'analisi della pagina aziendale, per scoprire come i follower interagiscono con la tua pagina e i tuoi contenuti (e per raccogliere informazioni demografiche).

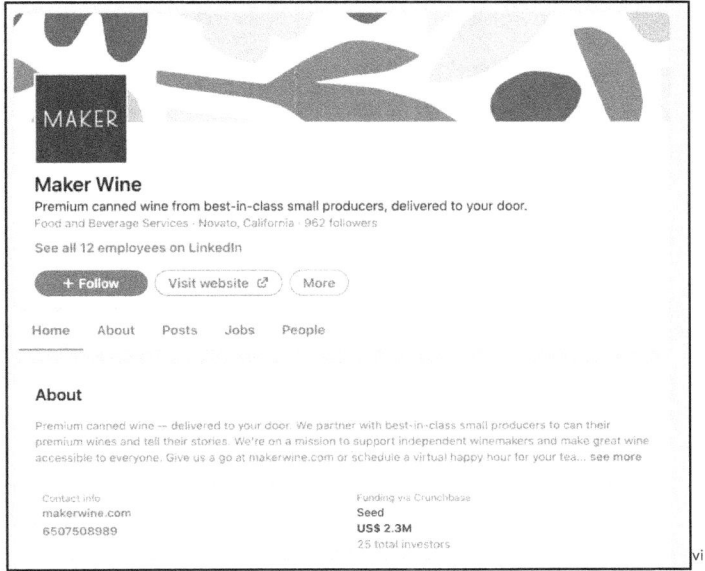

vi

Tieni presente che il profilo ha una lunga descrizione, informazioni di contatto e statistiche di finanziamento a prova sociale.

Questi passaggi assicurano che la tua attività si classifichi organicamente sui principali motori di ricerca e all'interno di LinkedIn. Per connettersi con professionisti e aziende all'interno dell'ecosistema LinkedIn, nonché per pubblicizzare nuovi eventi o offerte, rimanere in contatto con i clienti attuali e indirizzare il traffico lungo il funnel, è meglio pubblicare regolarmente contenuti su LinkedIn.

Se hai già un blog sul tuo sito web, puoi facilmente riutilizzare i contenuti da pubblicare su LinkedIn. In caso contrario, potrebbe essere una buona idea

per creare contenuti da soli, esternalizzare la creazione di contenuti o lavorare con uno stagista o un'altra soluzione a basso costo per generare contenuti personali. Mentre approfondiremo l'arte dello sforzo ridotto al minimo e della creazione di contenuti con risultati massimizzati in ulteriori sezioni, tieni queste idee nella parte posteriore della tua testa per ora.

Nel complesso, LinkedIn è il requisito pratico per le aziende moderne con una presenza digitale. Mentre capitalizzi sulla rete professionale disponibile su LinkedIn, assicurati di concentrarti non sulle metriche di LinkedIn come misura di base del successo (visualizzazioni, follower, ecc.), ma sul grado in cui puoi introdurre gli spettatori alla tua attività, ulteriori connessioni e acquisire clienti a lungo termine.

Collegamenti esterni

Facebook è la più grande piattaforma di social media al mondo per quasi tutte le metriche: con 2,91 miliardi di utenti attivi mensilmente, Facebook è un must per le aziende di tutte le dimensioni. Stabilire la tua attività su Facebook inizia con una pagina Facebook, che è necessaria per lanciare annunci pubblicitari oltre a catturare il beneficio derivante dall'accumulo di esposizione comunitaria e sociale. Le pagine aziendali di Facebook sono collegate agli account Facebook personali. Una volta effettuato l'accesso al tuo account, visita facebook.com/pages/creation per configurare una pagina aziendale. Aggiungi il nome della pagina (il nome della tua attività) e le foto di copertina. Compila la sezione "informazioni" con i dettagli e l'indirizzo della tua attività, le informazioni di contatto, il sito Web e gli orari. Le seguenti sezioni costituiscono la tua nuova pagina aziendale:

Community: questa sezione è solitamente seconda solo alla home page nel traffico ed è dove vengono mostrati i post, così come i contenuti di foto e video.

su. Questo contenuto può essere creato dai clienti, non solo dagli amministratori della pagina, e offre l'opportunità di interagire direttamente con i clienti.

Eventi: la sezione eventi offre spazio per presentare e promuovere i prossimi eventi aziendali o comunitari. Una volta creati, puoi anche invitare persone agli eventi.

Recensioni: questa scheda è dove i clienti possono lasciare recensioni sulla tua attività e sul tuo servizio. Sebbene tu possa nascondere la scheda delle recensioni, queste recensioni vengono visualizzate nella parte superiore della tua pagina e le buone recensioni sono un potente indicatore di prova sociale.

Servizi: puoi compilare questa sezione per fornire informazioni sui servizi offerti dalla tua attività. Ciò include informazioni sui prezzi.

Negozio: nella scheda negozio, puoi impegnarti nell'e-commerce elencando direttamente i tuoi prodotti. I clienti possono acquistare direttamente dalla pagina e le vendite vengono inviate direttamente al tuo conto bancario in una facile incursione nell'e-commerce.

Offerte: questa sezione ti consente di pubblicare offerte speciali o sconti e presenta un ottimo modo per ottenere coinvolgimento sulla tua pagina poiché i clienti sono incentivati a fare offerte man mano che si presentano.

Assicurati di compilare sezioni che si adattano alla tua canalizzazione e alla tua strategia digitale: ad esempio, se la tua azienda può trarre vantaggio dall'offerta di e-commerce ai clienti, sfrutterai la pagina "negozio" di Facebook più che, ad esempio, un parrucchiere. Fai crescere la tua pagina organicamente attraverso i contenuti e coinvolgere i clienti il più possibile.

L'utilità di Facebook, oltre alla capacità di creare e gestire una comunità, deriva dagli annunci di Facebook e Instagram. Entrambi sono potenti strumenti per inviare contenuti agli utenti più caldi (ad esempio, le persone nella tua comunità geografica o quelle che hanno maggiori probabilità di volere i tuoi prodotti o servizi) su larga scala.[8] Ometteremo una discussione su questi strumenti ora che verrà nel capitolo 8.

---

[8] Infatti, il 75% dei marchi promuove i propri post su Facebook secondo Brandwatch.

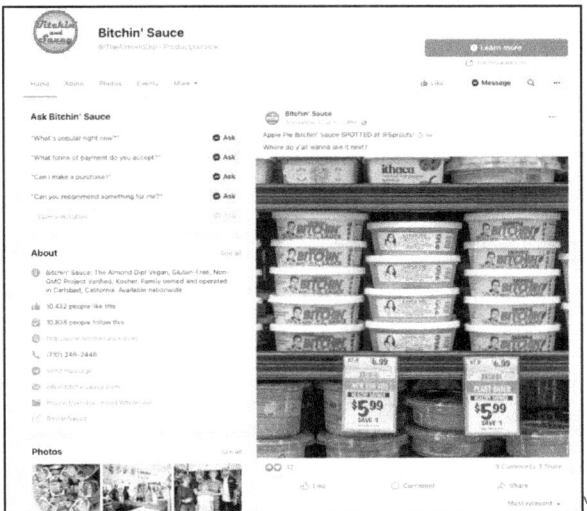

Nota come @TheAlmondDip coinvolge il suo pubblico attraverso domande, compila il suo profilo e condivide regolarmente contenuti.

Pinterest

Gli account aziendali di Pinterest offrono analisi, opzioni pubblicitarie, diversi tipi di contenuti e accesso anticipato a nuove funzionalità. Per creare un account Pinterest aziendale, vai a business.pinterest.com. Compila le impostazioni di base e conferma il sito web della tua attività. Ciò ti consente di tenere traccia dei contenuti che le persone aggiungono dal tuo sito Web e accedere a ulteriori analisi multipiattaforma. Infine, collega i tuoi altri account social al profilo Pinterest, che semplifica la condivisione di contenuti multipiattaforma, e prendi in considerazione la creazione di alcune bacheche iniziali (oltre a pin acquistabili, a seconda della tua attività).

viii

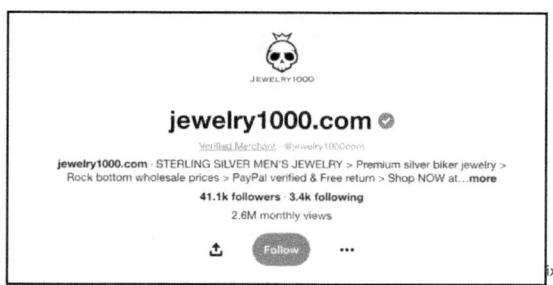

ix

Ulta Beauty ✓

verified business · 2 weeks ago

Eco-friendly   Invested in good

ulta.com The Possibilities Are Beautiful. Follow our boards for the best beauty inspiration
and how to's!

672.4k followers · 104 following

10m+ monthly views

⬆   Follow   •••

X

Collegamenti esterni

YouTube riguarda molto di più la corretta progettazione video rispetto alla progettazione del profilo. Tuttavia, i fondamentali sono importanti. Quando configuri un canale YouTube aziendale, accedi innanzitutto a YouTube tramite l'account Gmail associato alla tua attività. Quindi, fai clic su "il mio canale" dalle opzioni a discesa sotto l'icona nell'angolo in alto a destra dello schermo. Fai clic su "utilizza un nome commerciale o di altro tipo" in basso a sinistra e segui le istruzioni per creare un account del brand.

Una volta configurato l'account del brand, compila il profilo tramite l'icona del canale, equivalente a una foto del profilo, e la grafica del canale (ad esempio, l'immagine del banner). [9] Quindi, compila la descrizione del canale: questa sezione offre molto più spazio rispetto ad altre piattaforme, quindi valuta la possibilità di copiare il testo "informazioni" dal sito web della tua attività o di espandere il testo biografico derivato da un altro profilo dell'attività. Puoi anche aggiungere una moltitudine di link in questa sezione. Assicurati di collegare il tuo sito web, il profilo Google dell'attività e tutti gli altri link che consideri essenziali per la tua attività e la tua canalizzazione. Tieni presente che gli account social vengono collegati al banner sulla home page del tuo canale per una maggiore visibilità.

Infine, tieni presente che YouTube offre spazio per un "trailer del canale" sulla home page del tuo canale. Questo è il video che viene mostrato ai nuovi spettatori sulla tua pagina. È meglio

---

[9] Le icone dei canali e i banner hanno dimensioni rispettivamente di 800x800 e 1546x423 pixel.

impostare questo trailer prima di pubblicare altri contenuti per garantire conversioni massimizzate. Cerca di rendere questo video interessante; Pensala come una prima impressione. In questo modo, al contrario di una semplice introduzione al sito web della tua azienda,

servizio, o posizione, considera una procedura dettagliata della tua posizione fisica (se ne hai una), un'intervista con i membri del team, un vlog della vita quotidiana di un CEO o qualcosa del genere. Un trailer del canale coinvolgente, anche se non produci regolarmente contenuti su YouTube, fa molto per promuovere la tua pagina YouTube come nodo della tua più grande presenza social.[10]

Negli esempi seguenti, tieni presente l'uso dell'icona e della grafica del canale, i link ai social e al sito web in basso a destra del banner illustrativo e il coinvolgente trailer del canale.

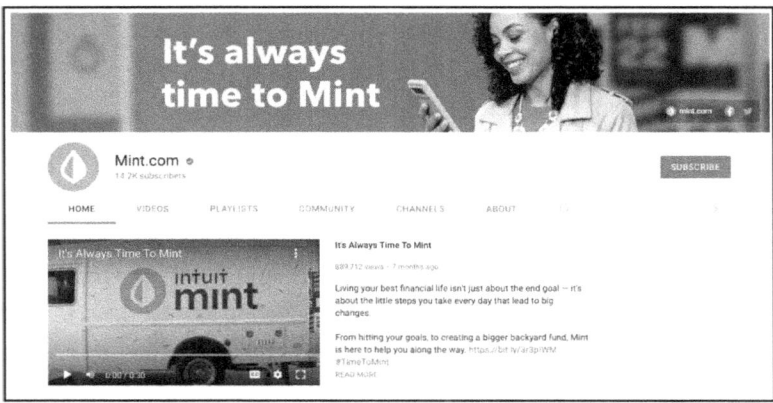

xi

---

[10] Potrai anche impostare playlist e varie sezioni del canale se o quando la tua attività inizia a creare contenuti su YouTube.

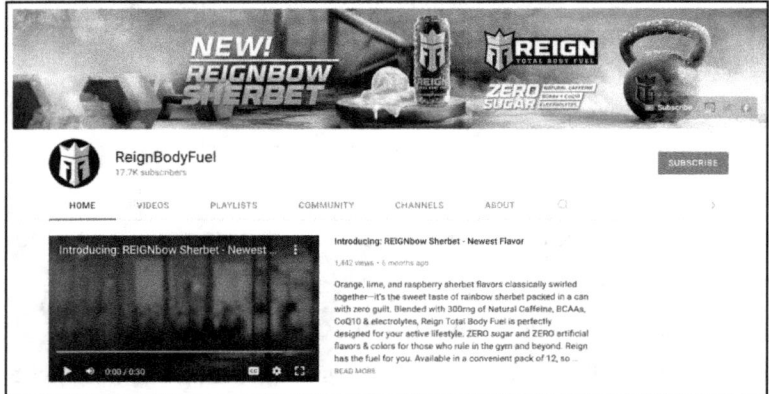

xii

xiii

TikTok

TikTok è semplice in termini di configurazione del profilo. Basta scegliere un nome utente e una foto del profilo in conformità con le migliori pratiche di nome utente / foto del profilo ormai stabilite e scrivere una biografia di caratteri inferiore a 80 caratteri che presenti la tua attività. Questo deve essere breve e scattante: non c'è spazio nemmeno per un descrittore in stile Instagram. Includi emoji e nota che il posizionamento delle parole chiave è completamente irrilevante. Prendi in considerazione l'inclusione di un invito all'azione sotto forma di link bio (sito web, pagina di prodotto / servizio o pagina di destinazione personalizzata è la migliore) e slogan, come "offerta sotto" o "Instagram". Usa alcune frecce verso il basso come ultima riga del testo biografico. Infine, assicurati di passare il profilo da un account personale a un account aziendale TikTok. Ciò consente l'analisi, un pulsante di contatto e-mail e l'implementazione del collegamento al sito Web.

Cinguettare

Stabilire una presenza su Twitter è altrettanto minimalista; Basta scegliere un nome utente e inserire una foto del profilo, una grafica dell'intestazione, una posizione, una biografia e un sito web. Mantieni la biografia breve; L'umorismo interiettato è comune sulla piattaforma (notare il secondo profilo di seguito).

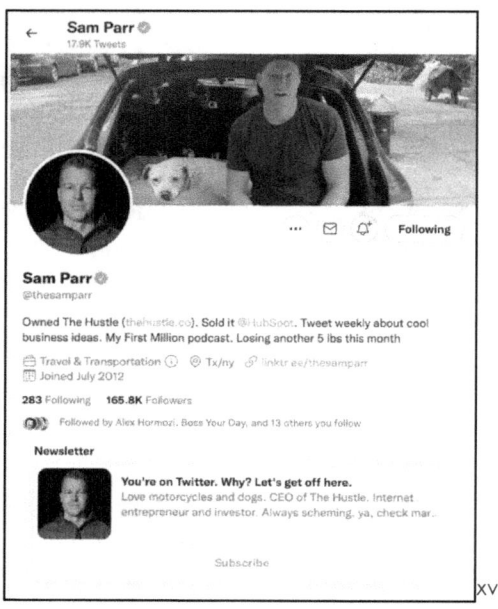
xv

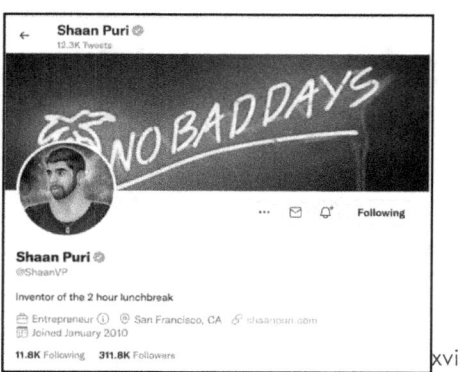
xvi

Twitter completa il nostro sguardo nella creazione di profili social per la tua attività. Al completamento dei passaggi precedenti, la tua azienda ha una presenza social dinamica che copre tutte le principali piattaforme multimediali. La tua azienda inizierà a posizionarsi socialmente su tutti i motori di ricerca e le piattaforme social su cui mantieni una presenza.

Ciò presenta vantaggi innati: maggiore visibilità che porta a più clienti. Tuttavia, stabilire una presenza sociale è solo il primo passo di una strategia digitale intelligente: la creazione di contenuti sociali e pubblicità sui social media completa una strategia progettata per consentire e incoraggiare una scala ben oltre quella possibile solo attraverso il mantenimento di una presenza sociale. Le prossime parti di questo libro si concentreranno su questi imperativi: prima sulla costruzione del pubblico (equivalente nel concetto al marketing organico), poi sul marketing digitale a pagamento e infine sulle strategie di marketing di base che sfruttano i social network in modi non comuni, ma particolarmente efficaci.

Costruire un pubblico

EStabilizzare la tua presenza digitale è un primo passo di grande impatto per garantire l'esposizione e conquistare più clienti. Tuttavia, c'è solo così tanto che i tuoi profili possono fare: per far crescere massicciamente la tua attività attraverso mezzi digitali, puoi prendere due strade.

Questi due percorsi sono la costruzione del pubblico e la pubblicità, che può essenzialmente essere pensata come "marketing organico" contro "marketing a pagamento". Mentre entrambi richiedono Tempo e fatica, attaccano il problema di far crescere la tua attività online da diverse angolazioni.

Il marketing organico consiste nel creare ottimi contenuti con cui le persone interagiscono. Se riesci a farcela, è a basso investimento e ha una scala praticamente illimitata.

La pubblicità a pagamento è più stabile e fornisce rendimenti a breve termine, ma raramente fornisce rendimenti asimmetrici o inaspettati e, a seconda di come si sceglie di farlo, di solito richiede più di un investimento.

In questa sezione, esamineremo la creazione del pubblico come un percorso per far crescere la tua attività online. Personalmente credo in questa strategia più che nella pubblicità: è uno sforzo creativo e divertente (se fatto correttamente), e uno che ho visto cambiare completamente il gioco per molte piccole imprese, tra cui molte delle mie, in modo a basso costo.

La creazione di un pubblico online viene eseguita sulle app dei social media. La nostra definizione di "social media" è liberale: l'e-mail, ad esempio, è un mezzo sociale, così come il testo. Indipendentemente dall'app specifica, la creazione del pubblico richiede la creazione di contenuti: pubblicando contenuti che le persone apprezzano, consumano e condividono nel mondo, quei contenuti possono guidare i consumatori che altrimenti non avrebbero mai sentito parlare della tua attività verso i tuoi prodotti e servizi. Ad alto livello, fai riferimento ai quattro tipi di contenuti che puoi creare (pagina quindici) e la tua strategia social dovrebbe incorporare alcuni o tutti questi tipi.

È meglio creare un pubblico che si converta in entrate di fondo e altri KPI attraverso le seguenti piattaforme. Tieni presente che i contenuti possono essere condivisi su più piattaforme: ad esempio, un post del blog può essere condiviso sul tuo sito Web, sulla pagina Facebook, sull'account LinkedIn e sulla mailing list e quindi condiviso come storia su Instagram. Entreremo in questo processo più avanti:

- **Sito web:** costruire una mailing list attraverso il tuo sito web e creare una sorta di newsletter o blog è essenziale.
- **Instagram:** un requisito per la costruzione del pubblico e la creazione di contenuti.
- **Facebook:** allo stesso modo, un ottimo posto per connettersi con la tua comunità e condividere tutti i tipi di contenuti.
- **LinkedIn**: LinkedIn può essere piuttosto redditizio e una piattaforma opportuna su cui ricondividere contenuti scritti da un blog o una newsletter.

- **TikTok:** no, non è solo per i bambini. TikTok è altamente scalabile e relativamente facile da ottenere un seguito attraverso video in forma breve.

Quindi, abbiamo i tipi di contenuti che potresti creare per costruire un pubblico e le piattaforme su cui potresti pubblicarlo. Prima di passare alle strategie e ai processi esatti indispensabili per la creazione di contenuti, ripensa alle piattaforme che hai identificato come più preziose per la tua attività. Questa era metà del puzzle: ora puoi unire tali informazioni con i tipi di contenuti migliori per ogni piattaforma.

Pronuncia la tua strategia social ha identificato il tuo sito web, Facebook e LinkedIn come i mezzi più importanti su cui si stabilirà la tua attività. I principali tipi di contenuto delineati per questa raccolta di piattaforme sono testo di lunga durata, come un blog, nonché alcuni video per presentare la tua attività attraverso il sito Web e la pagina Facebook. In questa ipotesi, ora hai un'idea chiara di come costruirai il tuo pubblico, creando alcuni video di alta qualità da pubblicare su tutte le piattaforme per presentare ai clienti il tuo marchio e le tue offerte, e quindi creando regolarmente contenuti scritti da condividere con la tua mailing list, sito web, profilo Facebook e profilo LinkedIn.

Questo è il processo di pensiero che dovresti attraversare per stabilire un'idea chiara di come la tua azienda si costruirà un pubblico online e una base di clienti.

Esploreremo ora le best practice per creare contenuti e far crescere un pubblico su tutte le piattaforme social finora individuate. Sentiti libero di leggere solo le piattaforme che utilizzerai effettivamente, o qualsiasi cosa al di là secondo il tuo interesse e per aiutare a comprendere lo spazio generale di costruzione del pubblico sociale.

Creazione e ottimizzazione di un sito Web

Inizieremo con un argomento certamente più grande della costruzione del pubblico. Esploreremo non solo come far crescere un pubblico e trasformare quel pubblico in clienti attraverso l'email marketing e il blogging, ma come impostare un sito web in primo luogo, nonché le migliori pratiche per lo sviluppo di siti web e SEO (ottimizzazione dei motori di ricerca, che si riferisce a quanto bene il tuo sito web si posiziona su browser come Chrome).

Mentre puoi scegliere di esternalizzare lo sviluppo di siti Web se non hai Un sito già, avere alcune conoscenze di base sul funzionamento del tuo sito web fa molto.

La creazione di un sito Web senza codice è costituita dal dominio, dal costruttore di siti Web e dal piano di hosting. Il dominio è l'URL del tuo sito web, ad esempio mybusiness.com o mybusiness.org. Il costruttore di siti Web è il framework attraverso il quale è possibile modificare il sito Web, come le impostazioni di un computer. L'hosting è il server su cui sono memorizzati i dati del sito web.

Fortunatamente, il processo per impostare il dominio, l'hosting e un sito Web è abbastanza semplice al giorno d'oggi, oltre che economico.

Inizia andando su GoDaddy su godaddy.com. Qui puoi cercare il dominio che desideri per il sito web della tua attività. "Yourbusinessname.com" è la soluzione migliore. Se si tratta di un nome comune, potrebbe essere necessario optare per .co, .org o qualcosa del genere. Una volta identificato un dominio disponibile, sei pronto per configurare l'hosting.

Nella mia esperienza, WordPress è il miglior "costruttore di siti web" per le piccole imprese. Quasi il 70% di Internet funziona su WordPress e consente un controllo quasi completo su un sito Web, nonché una vasta gamma di funzionalità aggiuntive. Altri famosi costruttori di siti Web, come Squarespace, Wix e Weebly, offrono una gamma estremamente limitata di strumenti.[11]

Per configurare l'hosting WordPress, hai alcune opzioni: GoDaddy inizia i piani di hosting WordPress a $ 6.99 al mese (dominio non incluso), mentre BlueHost (bluehost.com) offre un piano di hosting WordPress per $ 2.99. GoDaddy ha un'interfaccia un po 'più semplice, ma per il resto, i due servizi sono quasi identici.

Qualunque sia il servizio che decidi di utilizzare, assicurati di acquistare il dominio tramite quel provider. Puoi raggruppare un dominio e un dominio e un piano di hosting ai link sottostanti oppure acquistarli singolarmente (assicurati di scegliere il dominio

---

[11] In cambio, semplificano il processo di configurazione del sito web. Tuttavia, WordPress consente l'incorporazione di semplici builder drag and drop (come Elementor). Se stai cercando un'opzione ultra-semplicistica, vai con Squarespace, Wix o Weebly, sappi solo che è generalmente l'opzione peggiore a lungo termine.

corretto quando imposti il piano di hosting e non acquistarne uno nuovo).

godaddy.com/en-in/hosting/WordPress-hosting

bluehost.com/WordPress

Su entrambi i servizi, assicurati di abilitare SSL (Secure Sockets Layer), che collega il blocco del sito presente ogni volta che visiti un sito Web verificato.

🔒 google.com

Ora che il tuo dominio e il tuo piano di hosting sono impostati, puoi iniziare a costruire il tuo sito web in WordPress. Sia in GoDaddy che in Bluehost, vai ai menu dei prodotti e fai clic su "modifica il mio sito" o qualche variante di tale.

Ti troverai nella dashboard di WordPress, che sembrerà qualcosa sulla falsariga di questo:

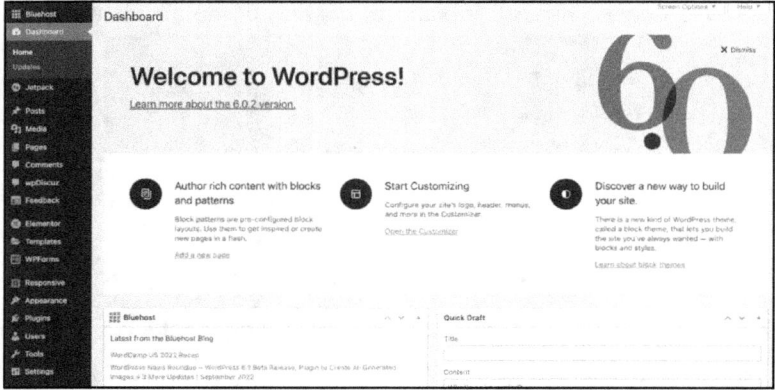

Può essere un po 'intimidatorio a prima vista, quindi analizziamo il menu nella parte più a sinistra dello schermo:

- **Post** è dove puoi creare e pubblicare contenuti.
- **I media** sono il luogo in cui vivono foto, video e documenti caricati sul sito.
- **Pagine** è dove è possibile gestire il contenuto (ad esempio, layout e parole) di ogni parte (ad esempio, home page, pagina informazioni, ecc.) del sito web.
- **L'aspetto** è dove è possibile impostare il tema del sito Web, gestire la struttura e personalizzare l'aspetto.
- **Plugins** è dove puoi trovare un'intera libreria di componenti aggiuntivi pronti ad aggiungere funzionalità al tuo sito.
- **Utenti** ti consente di gestire le persone che hanno account sul tuo sito, dall'amministratore ai clienti.
- **Impostazioni** ti consente di gestire alcune sfaccettature generali ed elementi stilistici del tuo sito.

Il tuo sito web è attualmente inedito. Per prepararlo per la pubblicazione, inizia scegliendo un aspetto visivo per il sito web. Passa all'aspetto > temi e scegli un tema (semplice è meglio per cominciare) che ritieni rappresenti il tuo marchio e la tua attività. Puoi anche cercare su Google i migliori temi per il tuo tipo di attività per trovare alternative che non si trovano nello store integrato.

Quindi, vai a aspetto > personalizza e imposta l'identità del sito, le impostazioni globali, il piè di pagina, la barra laterale e l'intestazione a tuo piacimento. Per creare una nuova pages sul sito Web, modificare tutte le pagine o eliminare le pagine reinstallate, fare clic su pagine > aggiungere nuove, pagine > modificare o pagine > cestino. Per modificare il menu di primo livello, che è ciò che viene visualizzato nell'intestazione del sito Web, visitare l'aspetto > i menu.

Quando inizi a compilare il contenuto della pagina, ad esempio nella home page e nella pagina delle informazioni, nota il "+" nell'angolo in alto a sinistra delle pagine che stai modificando. In questo modo è possibile inserire elementi di pagina, denominati blocchi, nella pagina. Se non sei soddisfatto della pagina WordPress integrata
editor, considera l'installazione del plug-in Elementor, che offre modifiche drag-and-drop leggermente più avanzate.

Oltre a Elementor, considera l'installazione di alcuni di questi plugin essenziali (tutti hanno un piano gratuito):

SEO Plugin - Yoast SEO e Jetpack sono due plugin popolari che ti consentono di migliorare e gestire meglio l'ottimizzazione dei motori di ricerca del tuo sito web.

Analytics Plugin - MonsterInsights e Google Analytics sono due plugin popolari che forniscono analisi avanzate.

Plugin di sicurezza - Akismet e Wordfence sono due plugin popolari che proteggono dallo spam e forniscono firewall (considera anche TrustedSite).

WPForms - ti consente di creare e aggiungere moduli interattivi al tuo sito web.
Updraft Plus - crea backup automatici del tuo sito web.

WooCommerce - crea un negozio online per vendere prodotti.

SmashBalloon – aggiunge widget di social media.

OptinMonster - ti dà più abbonati e-mail.

HubSpot – offre la gestione della reputazione dei clienti (CRM).

Ci sono decine di migliaia di plugin disponibili, quindi consulta la libreria di plugin ogni volta che stai cercando di aggiungere funzionalità al tuo sito web.

Ora hai familiarità con tutte le basi di WordPress: come scegliere un dominio, impostare l'hosting, aggiungere un tema, cambiare l'aspetto del sito Web, aggiungere e modificare pagine, modificare il menu di navigazione e installare plug-in.

Quando si tratta di decisioni stilistiche e strategiche sul sito web, tieni presente che il tuo sito web dovrebbe riflettere l'identità del tuo marchio in modo visivamente accattivante e diretto. Non esagerare con plugin o pagine e limitare il numero di plugin all'essenziale. Assicurati di massimizzare l'ottimizzazione dei motori di ricerca (SEO) attraverso il plug-in SEO che hai installato, in quanto ciò garantirà che il sito web si classifichi nel tempo (anche se può richiedere del tempo, per indicizzare manualmente il tuo sito web su Google, il che rende il processo più veloce, visita search.google.com/search-console). Inoltre, se hai intenzione di vendere prodotti tramite il tuo sito Web WordPress, segui la procedura di configurazione di WooCommerce.

Per coltivare la comunità, ottenere più visibilità e ottenere più clienti, blog e email marketing è il nome del gioco. L'email marketing, in particolare, è un must per tutte le aziende, mentre il blogging è prezioso in quanto fornisce contenuti che aumentano la visibilità sulla ricerca e possono essere condivisi su altre piattaforme social.

Marketing via e-mail

L'e-mail è una forma massicciamente pervasiva di comunicazione sociale con quasi quattro miliardi di indirizzi in tutto il mondo. Il 73% dei consumatori intervistati ha dichiarato che l'email è il loro canale di marketing preferito, mentre il ROI medio dell'email marketing è del 122%.

Marketing via e-mail Sfrutta le e-mail e le mailing list per vendere prodotti o servizi e rafforzare le relazioni con i clienti. Inizia con l'acquisizione di e-mail: vale a dire, capire come convincere i tuoi clienti attuali e potenziali a darti il loro indirizzo email. Ciò si ottiene più comunemente attraverso moduli di acquisizione e-mail all'atterraggio e

Pagine di pagamento: probabilmente lo hai sperimentato tu stesso quando hai selezionato le caselle "Iscriviti alla nostra newsletter" nelle pagine di pagamento o quando inserisci la tua e-mail in un sito Web per ricevere uno sconto o un premio speciale. Una volta stabilito un funnel per acquisire e-mail, considera queste classiche strategie di email marketing (esploreremo come automatizzare questi processi di email più avanti):

- **Saluta i nuovi abbonati e clienti con e-mail di benvenuto** (e forse una ricompensa). Subito dopo che un cliente si iscrive all'elenco e-mail della tua attività, invia loro un'e-mail con un breve ringraziamento, background aziendale, punto vendita o ricompensa. Cerca di rendere questa e-mail gradevole, poiché il destinatario probabilmente non ha avuto molta interazione precedente con il tuo marchio.
- **Invia regolarmente una newsletter.** Le newsletter sono un modo efficace per garantire che i clienti rimangano in contatto con il tuo marchio e la tua attività. Le newsletter (la maggior parte delle quali vengono inviate settimanalmente) possono contenere notizie, storie di clienti e team, post di blog e altri contenuti sociali.
- **Condividi aggiornamenti, lanci e aggiornamenti relativi alla tua attività.** Una mailing list è il modo perfetto per far arrivare notizie su nuovi aspetti della tua attività alla tua base di clienti. Includere una sorta di sconto o ricompensa per i primi spettatori aumenterà sicuramente il coinvolgimento.

Per fortuna, non devi fare il lavoro di inviare queste e-mail da solo, piuttosto, esiste una varietà di potenti servizi di automazione per semplificare l'email marketing.

- **Mailchimp** & **Constant Contact** - Miglior Assoluto
- **Drip -** migliore per i negozi di e-commerce.
- **Hubspot** - il miglior strumento CRM
- **Sendinblue** - i migliori strumenti per far crescere una base di clienti.

Concentrarsi sull'automazione quando si utilizzano questi servizi. Ad esempio, imposta una serie di cinque e-mail da inviare a tutti i nuovi abbonati e-mail per un periodo di cinque settimane (oltre ai contenuti regolari) o un messaggio di ringraziamento speciale o una ricompensa da inviare ai clienti che raggiungono un determinato traguardo di spesa. Impostare un'automazione di questo tipo non è difficile: basta esplorare i tutorial sulla piattaforma di email marketing con cui si sceglie di lavorare.

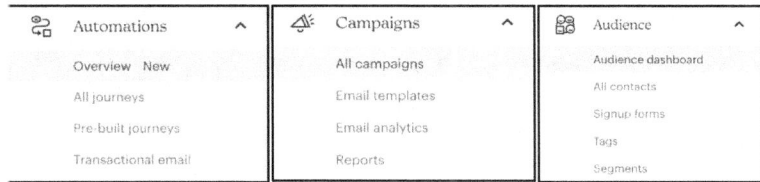

Strumenti di automazione, campagna e pubblico di Mailchimp.com

Assicurati di personalizzare tutti gli emails, intestazioni e contenuti dei test A/B per ottimizzare i tassi di apertura nel tempo e mantenere il corpo del testo conciso.

Passiamo ora al blog, che serve a promuovere la profondità e la portata dell'email marketing se correttamente implementato.

Blog

A bLog è semplicemente un sito Web con informazioni ordinate cronologicamente, in genere in un formato simile a un articolo (testo in forma lunga).

Attualmente, quasi 600 milioni di blog esistono su Internet, mentre l'81% delle aziende considera i propri blog importanti (come il suo HubSpot), mentre le piccole imprese che bloggano ottengono il 126% in più di crescita dei lead rispetto alle piccole imprese che non bloggano (secondo ThinkCreative).

Il blogging serve a posizionare il tuo sito web più in alto su Google e altri motori di ricerca, il che significa che più persone scoprono la tua attività. Il blogging ti consente anche di connetterti con il tuo pubblico attuale e Posiziona il tuo marchio come un'autorità nel tuo campo.

Puoi facilmente creare un blog sui tuoi siti Web WordPressite visitando la pagina predefinita "Pubblica" all'interno del menu "Pagine". Questa pagina caricherà effettivamente un piede dei tuoi post sul blog, che puoi creare all'interno di WordPress attraverso "post" "aggiungi nuovo". Puoi scaricare plugin come Elementor, SeedProd e Blog Designer per personalizzare ulteriormente la sensazione della tua pagina blog.

Quando crei post di blog, concentrati su contenuti di tipo educativo dettagliare un argomento all'interno del tuo campo di attività. I post dovrebbero essere almeno un migliaio di parole, anche se la lunghezza ideale per la SEO (ottimizzazione dei motori di ricerca) è di circa 2.000-2.500 parole. Inoltre, assicurati che i post massimizzino il loro SEO attraverso la scelta dei plug-in SEO descritti in precedenza.

Dovresti pubblicare un articolo sul tuo blog almeno una volta alla settimana. Questo tipo di lavoro è facilmente esternalizzato – esamineremo il processo per farlo nel corso del settimo capitolo. I post del blog possono essere condivisi in una newsletter (servendo così a guidare il coinvolgimento via e-mail) e attraverso account social su altre piattaformems.

Prendi nota di alcuni marchi che Utilizzare con successo i blog per espandere la propria portata e migliorare il coinvolgimento dei clienti:

Marketing Library   Explore Topics

Marketing meets inspiration

Browse how-to articles on starting, running, and marketing your business, plus thought-provoking podcasts and films to inspire your inner entrepreneur.

xviii

xix

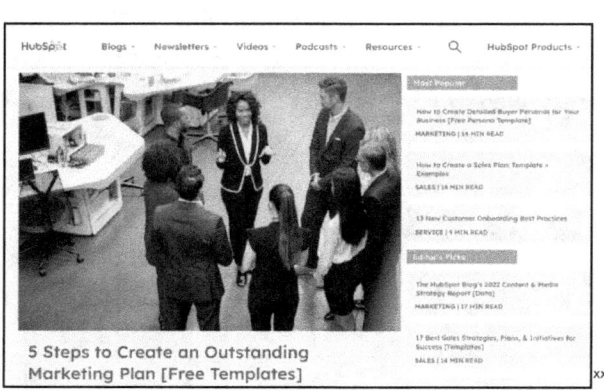
xx

Poiché i post del blog saranno un'introduzione del tuo marchio e della tua attività per molti, assicurati che la messaggistica sia coerente con l'identità del marchio e le offerte di prodotti più grandi.

Crescere su Instagram

Instagram è il vecchio cane dei social network. È il più affermato del gruppo oltre a Facebook e domina a favore di Facebook tra i dati demografici più giovani. Mentre Instagram ha incorporato nuove funzionalità negli ultimi anni che esplorano le tendenze inizializzate da app giovani come TikTok (in particolare i rulli), la funzione principale dell'app è ancora come mezzo per condividere contenuti fotografici.

Sì, crescere su Instagram solo attraverso la condivisione di foto è diventato estremamente difficile nel corso degli anni poiché le modifiche all'algoritmo danneggiano le possibilità che i contenuti organici funzionino bene.

I "rulli" di Instagram sono una versione di TikTok integrata in Instagram che presenta un feed video in forma breve agli spettatori. Le bobine forniscono il modo più semplice per ottenere un'esposizione organica. Tutti i video pubblicati su TikTok dovrebbero essere pubblicati anche sui rulli (e sui cortometraggi di YouTube, come vedremo più avanti), e ho scoperto che la stragrande maggioranza della crescita sui miei account Instagram ora proviene dai rulli anziché dalla portata organica sulle foto.

Quando fai crescere un pubblico e crei contenuti per Instagram, considera innanzitutto la differenziazione. Ci sono milioni e milioni di account su Instagram in ogni nicchia, compresa quella della tua attività. Se esiste, probabilmente qualcuno sta già pubblicando su Instagram in qualche forma o forma. Il rovescio della medaglia è che la differenziazione è attraente: quando le persone vedono cose nuove o uniche, si attengono ad essa. Pensa a come puoi differenziarti all'interno della nicchia della tua attività.

Inoltre, utilizza i profili colore per mantenere un senso di stile standard in tutte le foto. Questo di per sé consente la differenziazione.

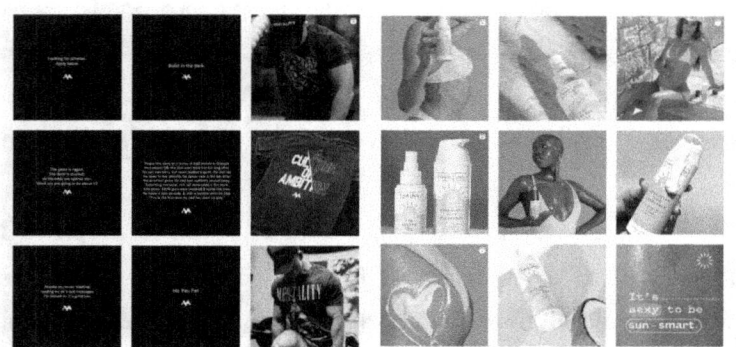

12

Per coloro che cercano un modo legittimo ed efficace per accelerare la crescita della corsa e raggiungere persone reali, o anche per aggiungere solo un piccolo impulso a un account e contenuti, gli annunci Instagram e le promozioni dei post sono un'ottima soluzione. Naturalmente, richiedono una certa somma di denaro per iniziare, ma se sei disposto a spendere tale importo, far crescere rapidamente un marchio personale o aziendale non è straordinariamente difficile.

Basta collegare un account Facebook al tuo account Instagram e promuovere i contenuti sul tuo profilo che ritieni rappresentino al meglio il tuo marchio. Imposta il budget e la durata e avvia la promozione. Focalizza la tua campagna complessiva su alcuni post

---

12 @mentality e @frank_bod

ad alta conversione (che puoi identificare attraverso l'analisi dei post) se stai cercando esclusivamente di ottenere follower, mentre se vuoi che il tuo numero di Mi piace aumenti su tutta la linea oltre ai follower, dividi il budget complessivo su ogni nuovo post o almeno su una moltitudine di post. Se hai il budget, ti consiglio di incorporare le promozioni nella tua strategia di crescita all'inizio: è un ottimo modo per raggiungere rapidamente 10k follower, ad esempio, ma non così eccezionale una volta che sei a 100k.

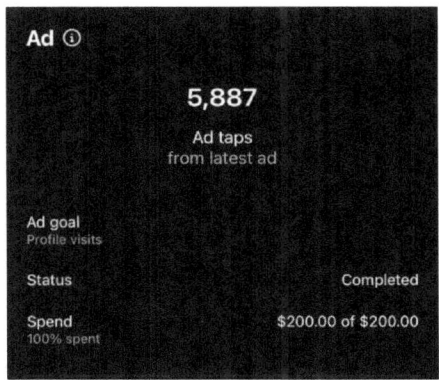

Questa promozione post da $ 200 ha generato quasi 6.000 visite al profilo.

A questo proposito, i contenuti organici devono sopraffare la crescita derivata dagli annunci a lungo termine, a meno che gli annunci non siano insolitamente redditizi. Gli annunci di questa natura sono semplicemente una misura complementare per supportare contenuti organici e saltare attraverso alcune scappatoie algoritmiche e sociali (in termini di conteggio dei follower).

Successivamente, tieni presente che l'automazione di Instagram consiste in un software che mette automaticamente "Mi piace" ai post, visualizza video, commenti e segue altri account. L'idea è che una persona che riceve un like, una vista o un commento possa decidere di controllare l'account e dargli un seguito. Tale risultato può verificarsi solo uno su 500 interazioni, ma se tali azioni possono essere eseguite da un bot 10.000 volte al giorno, gli account follower possono crescere rapidamente (almeno inizialmente). I servizi di automazione costano una certa quantità di denaro, che vanno da 20 o meno dollari al mese a diverse centinaia. Essi

Non hanno praticamente alcun valore a lungo termine, poiché la crescita dal contenuto organico è sempre il re, ma possono essere utili quando si parte da zero.

Suggerimenti e trucchi per Instagram:

- La lunghezza del video più semplice per ottenere visualizzazioni, nella mia esperienza, è inferiore a 20 secondi. Oltre i 30 anni diventa più difficile, anche se questo dipende dalla tua nicchia.

- I primi 3 secondi contano (esca) e gli ultimi 3 secondi contano altrettanto o più (amo). Se hai un'ottima esca, le persone guarderanno fino all'amo, e se l'amo è grande, lo riguarderanno. Hai bisogno di entrambi gli elementi per raggiungere il >100% di tempo di visualizzazione, che è dove puoi iniziare a tirare viste reali.

- Visivamente accattivante e ad alta energia funziona meglio a meno che la mancanza di alta energia fornisca un effetto comico.

- La frequenza non importa se i video sono abbastanza buoni (la qualità batte tutti, un video virale è meglio di cinquanta flop), ma pubblicare almeno una volta al giorno è l'ideale per avviare un account. Ancora una volta, tuttavia, se i video sono abbastanza buoni, non esiste un volume minimo.

- La semplificazione e l'automazione della pipeline di produzione è fondamentale. Creare sfide che richiedono di pubblicare quotidianamente è un modo semplice per farlo e rimuovere lo sforzo creativo dall'equazione.

- Quando si tratta di bobine di Instagram, la pubblicazione deve essere coerente per salire di livello nell'algoritmo del bucket. Fermarmi per alcune settimane mi ha fatto passare da 50-100k visualizzazioni medie a malapena rompere 10k per diverse altre settimane. Inoltre

- Nota che i rapporti tra Mi piace e commento non contano quando si tratta di rulli, come evidenziato da questi video:

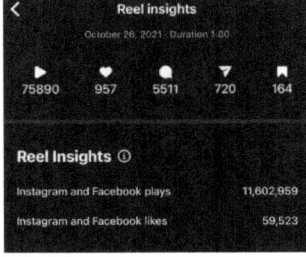 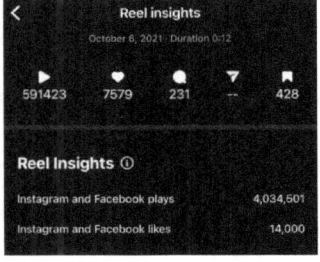

In sintesi, Instagram presenta una vasta gamma di potenti opzioni di contenuti e un pubblico enorme per sostenerlo. Ogni azienda può trovare la sua casa sulla piattaforma e sfruttare gli strumenti disponibili nel perseguimento

di una comunità più forte e di una linea di fondo.

Crescere su TikTok

Anche per lo standard dei social media, TikTok è pazzo. L'app lanciata da ByteDance ha raggiunto 2,6 miliardi di installazioni entro 5 anni dal lancio, in gran parte grazie alla sua capitalizzazione su contenuti in forma breve, che altre piattaforme (in particolare Instagram attraverso Reels e YouTube attraverso Shorts) hanno rapidamente spostato per copiare. TikTok era unico grazie al suo algoritmo basato su bucket, che "testa" i contenuti prima di promuoverli a un pubblico più ampio. Questo serve allo scopo di consentire a quasi tutti i video di diventare organicamente virali, supponendo che il coinvolgimento sia abbastanza buono fin dall'inizio. Questo contrasta drasticamente con gli algoritmi di app come Instagram e YouTube, su cui partire da zero è notoriamente difficile.

Il rovescio della medaglia di un algoritmo estremamente opportunistico e di una piattaforma di contenuti a corto raggio è che le visualizzazioni contano meno (ad esempio, 100k visualizzazioni su TikTok non valgono quanto 100k visualizzazioni su YouTube) e emigrare un seguito su altre piattaforme è estremamente difficile (diciamo, su 100k follower TikTok, solo 1k può convertirsi in follower Instagram). Quindi, mentre potrebbe essere molto più facile raggiungere diecimila follower da zero su TikTok, quei diecimila follower non significano tanto in termini di veri fan e mezzi di monetizzazione quanto diecimila follower su Instagram, YouTube o Facebook.

Le mie esperienze personali esemplificano queste idee. Il primo video che abbia mai pubblicato su TikTok ha ottenuto più visualizzazioni rispetto ai due anni precedenti che avevo trascorso su Instagram e YouTube messi insieme. Sono stato in grado di 6 volte la dimensione del mio seguito complessivo sui social media personali in un anno su TikTok, eppure i premi sono stati tristi fuori piattaforma: a malapena nessun crossover e nessun denaro guadagnato per 40 + milioni di visualizzazioni dirette su tre account, oltre al doppio di quello nei repost. Con questo in mente, TikTok è ottimo come strumento top-of-the-funnel e social proof, mentre gli annunci TikTok rappresentano un'opportunità diretta all'interno della piattaforma per far crescere una piccola impresa.

Dopo anni di crescita lenta, sono stato in grado di espandere rapidamente la mia esposizione e il conteggio delle visualizzazioni tramite TikTok.

Impartirò il formato video che ho usato per accelerare la crescita, nonché le migliori pratiche generali per far crescere un'azienda attraverso TikTok.

Il successo su TikTok inizia con l'approccio. TikTok si basa sulla fornitura di valore: sei in competizione per il tempo degli spettatori e i video e gli account associati che forniscono costantemente il massimo valore catturano il maggior tempo dagli spettatori, il che fa promuovere quei video a un pubblico più ampio, incoraggiando così cicli virali e simili a palle di neve per i creatori di contenuti. All'interno della nicchia della tua attività, garantire il successo a lungo termine è una questione di identificare il valore fornito dai tuoi video e il valore che il tuo pubblico desidera, ottimizzando i video futuri in base a tali approfondimenti e ripetendo. Se qualcosa colpisce, corri con esso e costruisci su di esso. In caso contrario, prendi appunti.

L'algoritmo di TikTok è basato su bucket. Gli algoritmi basati su bucket danno a tutti la possibilità di diventare virali, invece di basare la portata in gran parte sulle dimensioni del pubblico. L'algoritmo del bucket funziona come segue, anche se a un livello molto più astratto (ad esempio, i "bucket" non sono letteralmente separati da un ordine di grandezza):

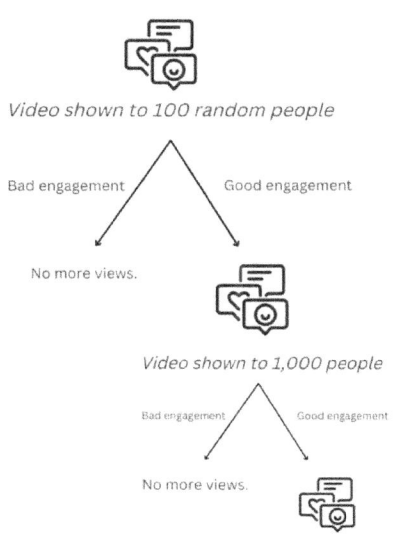

Video shown to 100 random people

Bad engagement / Good engagement

No more views.

Video shown to 1,000 people

Bad engagement / Good engagement

No more views.

Video shown to 10,000 people

Ogni video viene mostrato a un certo numero di persone. A seconda di come queste persone interagiscono con il video specificato, può o non può passare al bucket successivo, in cui il video viene mostrato a un numero sostanzialmente maggiore di persone. [13] Meno il caso strano, questo progredisce fino a quando il video raggiunge un certo numero massimo di visualizzazioni all'interno del suo secchio, a quel punto si stabilizza. Alcuni video potrebbero richiedere giorni per iniziare a guadagnare slancio, e altri potrebbero ridursi in un giorno o due, rispetto a settimane, come nel caso di un video virale. Man mano che il tuo pubblico cresce e pubblichi più video, il tuo account sale di livello nell'algoritmo e i tuoi video sono garantiti per cadere in un secchio più alto. Questo è il motivo per cui i grandi creator ottengono milioni di visualizzazioni indipendentemente da ciò che pubblicano: in un certo senso, sono in grado di saltare il processo di valutazione.[14] Quando pubblichi video, noterai che spesso otterranno rapidamente un numero considerevole di visualizzazioni, quindi smetteranno di guadagnare, quindi ricominceranno in un'altra data. A volte, l'intervallo tra i periodi di crescita elevata è di soli minuti o ore, mentre a volte la differenza può essere di giorni o addirittura settimane. Man mano che i bucket diventano più grandi, il tempo necessario per riempire il bucket si espande, il che significa che un video da poche centinaia a poche migliaia di visualizzazioni può raggiungerlo in poche ore, mentre un video che passa da mezzo milione a cinque milioni di visualizzazioni può allungare quella

---

[13] Per quanto tempo lo guardano, quanto gli piace, lo condividono e lo commentano.
[14] Giustamente, dal momento che si sono dimostrati in passato da un punto di vista algoritmico

crescita in modo più uniforme nel corso di giorni o settimane. Quindi, cosa significa questo per il tuo account e la tua strategia ikTok?

Innanzitutto, tieni presente che ottenere più visualizzazioni diventa più facile man mano che diventi più grande poiché l'algoritmo di TikTok garantisce in gran parte a tutti i video su un account un determinato posto nel sistema basato su livelli. Questa non è né una regola rigida né una su cui concentrarsi. Piuttosto, continua a cercare di creare i migliori video che puoi e alla fine mescola il pane e il burro dell'account in video con cui il pubblico interagirà ancora (poiché, a quel punto, hai sviluppato un marchio nella misura in cui le persone guarderanno a prescindere) ma richiedono molto meno sforzo rispetto ai principali driver di crescita. uttavia, come dice l'adagio, mantieni la cosa principale la cosa principale e ricorda che produrre inizialmente grandi video, e molti di essi, è necessario per garantire un rapido aumento dell'algoritmo del bucket.

Un secondo modo in cui questi concetti influenzano il tuo account TikTok e la tua strategia video è che un piccolo miglioramento nell'analisi video, principalmente il tempo medio di visualizzazione e la percentuale di video intero guardato, produce risultati enormi e viceversa. Questa non è solo retorica, o qualche standard morale: l'ottimizzazione conta, e per illustrare questo punto sono le analisi di due video reali su un mio account:

476mila visualizzazioni
10.5/11s AWT (tempo medio di visualizzazione)
54,5% WFV (guarda il video completo)

5,2 milioni di visualizzazioni

11.9/11s AWT

56,3% WFV

Il secondo video ha ottenuto un'esposizione 10 volte superiore a una differenza del 5-10% nel coinvolgimento. Situazioni come questa sono presenti ovunque: mentre nel tempo è probabile che tutti i video su un account raggiungano algoritmicamente un certo numero minimo di visualizzazioni, raggiungere il successo oltre quello standard e la viralità su base regolare è tutta una questione di profitti: piccoli miglioramenti, composti, producendo risultati enormi.

I takeaway qui dovrebbero essere che la ricerca consapevole dell'ottimizzazione e dell'iterazione è necessaria per garantire la crescita e, una volta trovato un formato virale, dovrebbe essere strizzato per tutto il suo valore. In realtà, il cuore della questione, e il concetto centrale in relazione a quanto sopra, è il valore e la capacità di adattare i contenuti per soddisfare i desideri di un pubblico nel tempo.

Il successo su TikTok, così come su tutte le piattaforme di contenuti social, si riduce alla domanda sul perché qualcuno guarda un video. Lo vedo come se si riducesse alla regola E&E: intrattenimento contro istruzione. Tutti i contenuti multimediali esistono su due spettri, uno di valore di intrattenimento e uno di valore educativo. Identificare il valore che i tuoi video forniscono è identificare dove nello spettro E & E esistono un video e una nicchia e quindi porre questa domanda: fornisce abbastanza E & E rispetto ai migliori contenuti del mondo nella tua nicchia o rispetto ai tuoi concorrenti aziendali? In caso contrario, se i tuoi video non forniscono altrettanta o più istruzione, intrattenimento o una combinazione dei due, i migliori video del mondo nella tua nicchia, il successo olistico e rivoluzionario è improbabile.

Per fortuna, c'è un modo per aggirare questo: ho essenzialmente affermato che il successo sui social media è estremamente difficile se non sei il migliore in qualcosa. In alternativa, puoi semplicemente creare la tua nicchia: in questo modo, fornire il maggior valore di intrattenimento o il valore più educativo del mondo in quella nicchia è molto più facile, perché sei letteralmente l'unico a farlo in quel modo. In sostanza, stai abbassando l'asticella e mescolando il valore della sorpresa. Quindi, mentre il successo è certamente reso possibile battendo la concorrenza, il successo sostenibile è più facilmente raggiungibile creando contenuti che non hanno concorrenza.

Prendi la nicchia in cui ho costruito il mio marchio personale e la mia attività: ci sono milioni di creatori di fitness sui social media, la maggior parte dei quali erano più esperti, più forti, più belli o più bravi nella produzione video di me. Invece di cercare di competere contro di loro, ho semplicemente scelto di fare qualcosa nella nicchia del fitness che nessun altro stava facendo nel modo in cui lo stavo facendo io. Quella cosa erano le sfide di fitness: si è scoperto che la prima volta che ho fatto una sfida, ho raccolto diversi milioni di visualizzazioni e decine di migliaia di follower in appena un mese. Creando una nuova nicchia invece di competere in una vecchia, sono diventato immediatamente unico, ho offerto un valore shock e ho battuto persone che, sulla carta, erano produttori di social media superiori a me in ogni modo.

Detto questo, mi piacerebbe entrare in alcune best practice specifiche che ho imparato negli ultimi anni su TikTok:

- I rapporti simili sono in gran parte irrilevanti.
- I rapporti di condivisione e commento sono in gran parte irrilevanti.
- Gli hashtag sono per lo più irrilevanti, soprattutto se hai un pubblico. Nota che TikTok praticamente fa hashtag per te una volta che hanno capito il tuo pubblico, quindi gli hashtag non sono davvero così necessari. Basta usare 2-3 per video quando inizi e li svezzi una volta che hai almeno 10k follower, una nicchia consolidata e un solido numero di visualizzazioni.

Caso di studio da una mia pagina Instagram aziendale senza un pubblico stabilito (circa 800 follower):

11.5m visualizzazioni, 59.3k Mi piace.
4.0m visualizzazioni, 235 commenti.

I rapporti tra Mi piace e commenti su questa pagina erano incredibilmente scarsi, tuttavia, solo in base al tempo di visualizzazione, i video sono stati in grado di funzionare bene. Lo ripeto: il tempo di visualizzazione è la metrica finale a cui dare la priorità. Successivamente, nota le metriche generali di TikTok a cui mirare:

- Guardato il video completo (WFV): - 50% in generale, 60-70% se più breve.
- Tempo medio di visualizzazione (AWT): - >100% se inferiore a 15 secondi, >125% se inferiore a 10 secondi. Minimo - 75%

Questi numeri, nella mia esperienza, si comportano in un intervallo di poche centinaia di migliaia di visualizzazioni fino a qualche milione di visualizzazioni, come segue:

Durata: 6 secondi

Video performance

Total time watched	Average time watched	Watched full video	Reached Audience
2311h:53m:31s	**9.0s**	**69%**	**842.6K**
+1.2m (+0.01%) ↑	+0.0s (+0%)	0% (-0.01%) ↓	+1 (+0.01%) ↑

Durata: 9 secondi

Video performance

Total time watched	Average time watched	Watched full video	Reached Audience
12178h:41m:0s	**12.1s**	**69.5%**	**3.3M**
+1.8m (+0.01%) ↑	+0.0s (+0%)	0% (-0.01%) ↓	+9 (+0.01%) ↑

Durata: 17 secondi

Video performance

Total time watched	Average time watched	Watched full video	Reached Audience
18583h:12m:12s	**16.0s**	**59.3%**	**3.9M**
+27.8m (+1.01%) ↑	+0.0s (+0%)	0% (-0.01%) ↓	+170 (+0.01%) ↑

Crescere su Facebook

Essendo la piattaforma di social media per eccellenza popolare tra i dati demografici più anziani, per non parlare di quella focalizzata sulla comunità, lo sviluppo di una presenza su Facebook è un must per raggiungere non solo i clienti nella tua comunità, ma il maggior numero possibile di 2,9 miliardi di utenti di Facebook.

Secondo la sezione presenza sociale, dovresti attualmente hanno un profilo aziendale Facebook compilato.

Oltre a un profilo ottimizzato, la creazione di un pubblico su Facebook si riduce alla creazione e alla condivisione di contenuti, al coinvolgimento con il pubblico e alla pubblicazione di inserzioni. Gli annunci non sono un requisito per far crescere una pagina, ma Facebook ha spostato i suoi algoritmi lontano dalla promozione di contenuti organici negli ultimi anni, poiché la portata organica media di un post di Facebook è ora di circa il 5% dei Mi piace totali della pagina (il che significa che pochissimi follower vedono organicamente il contenuto che pubblichi).

Proprio quando inizi la tua pagina, sfrutta la tua community e le connessioni esistenti per creare un pubblico iniziale. Ad esempio, se hai una sede fisica, chiedi ai clienti abituali di seguirti su Facebook o chiedi lo stesso agli amici. Una cerchia iniziale di clienti e amici coinvolti può fare molto in termini di portata organica.

Quindi, concentrati sulla creazione di una solida pipeline di contenuti. Dovresti pubblicare almeno una volta al giorno (punta a questo, ma ricorda che la qualità vince sulla quantità) e un massimo di due volte al giorno. Nel complesso, il contenuto dovrebbe essere un mix di aggiornamenti aziendali, suggerimenti e suggerimenti pertinenti, profili di partner, clienti o comunità, interessi, contenuti ricondivisi e qualsiasi altra cosa sia rilevante per l'azienda o il pubblico di destinazione (idealmente, è sia rilevante per l'azienda che coinvolgente per il pubblico di destinazione). Questo contenuto dovrebbe essere un mix di foto, video e testo: i post multimediali, ad esempio un articolo con un'immagine di intestazione e un video dettagliato, in genere funzionano meglio rispetto a qualsiasi singolo tipo di supporto. Segui le best practice per la creazione di contenuti, come titoli forti, immagini coinvolgenti e hashtag mirati (non più di tre). Utilizza l'analisi nel tempo per regolare i tempi in cui pubblicare e massimizzare il coinvolgimento.

Esploreremo ulteriormente l'influencer marketing: tienilo a mente come uno strumento immensamente prezioso quando si tratta di costruire un pubblico su Facebook e su ogni altra piattaforma social.

Se sei un'azienda con una sede fisica, concentrati sulla creazione di contenuti suddivisi in più livelli nella tua comunità locale. Unisciti e crea gruppi della community per interagire con i clienti su un argomento specifico (ad esempio, è possibile creare un gruppo per ogni sede fisica, un evento annuale o un verticale aziendale). Ospitare eventi locali e pubblicizzare la tua pagina Facebook è un ottimo modo per creare un pubblico locale, oltre a pubblicizzare direttamente la tua comunità locale attraverso gli annunci di Facebook.

Se la tua azienda non ha una sede fisica dedicata o opera esclusivamente online, segui questa stessa etica: crea e unisciti a gruppi per interagire con il tuo pubblico di destinazione e seguilo con contenuti regolari che attirano il pubblico di destinazione.

Per entrambi i tipi di attività, assicurati di utilizzare la funzione di post del link, mentre puoi incollare un URL nella casella di creazione del post e Facebook condividerà un'anteprima del link. Usa anche le storie di Facebook, proprio come faresti con le storie di Instagram, come mezzo per interagire regolarmente con i tuoi follower senza dover condividere un post ad alto sforzo. Aggiungi regolarmente i post più performanti o altamente pertinenti nella parte superiore della tua pagina Facebook e incoraggia dipendenti o amici a ricondividere i contenuti.

Assicurati di interagire con il tuo pubblico attraverso i tuoi contenuti e i loro e offri regolarmente opportunità per interagire con il tuo marchio, offrire feedback e suggerimenti e ricevere sconti, premi o consensi.

Diamo un'occhiata ad alcune piccole imprese che stanno effettivamente aumentando un pubblico e una base di clienti su Facebook:

Nota il contenuto coinvolgente e la moltitudine di foto condivise.

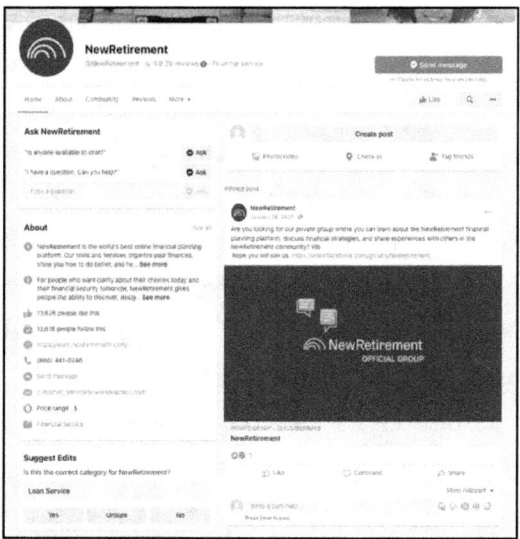

Nota come @NewRetirement consente agli utenti di porre
direttamente domande su Messenger e di appuntare un post di
invito all'azione pertinente.

Crescere su YouTube

YouTube è diverso dalle piattaforme esplorate in precedenza in quanto si concentra esclusivamente su un mezzo diverso: i video di lunga durata. Il video è una bestia diversa da affrontare rispetto ad altre forme di contenuto in quanto semplicemente non c'è modo di aggirare il lavoro di esso; Alla fine della giornata, nessuno può falsificare un buon video sulla tua attività. Lo stesso non si può dire di Tweet, articoli o design di siti web.

Quindi, YouTube è difficile per questi motivi, ma il bottino è immenso:2 miliardi di persone uniche utilizzano il sito web ogni mese (secondo solo a Google.com), l'80% dei marketer statunitensi è sicuro che i video di YouTube convertono bene e il 70% degli spettatori di YouTube afferma di aver acquistato un prodotto dopo averlo appreso in un annuncio di YouTube. Questo è solo per i prodotti acquistati tramite annunci: per le aziende e i creator con canali YouTube di successo, i fan coinvolti si trasformano rapidamente in clienti fedeli e a lungo termine. Infatti, le persone conservano il 95% di un messaggio consumato tramite video contro il 10% quando lo leggono nel testo, e questo fenomeno si traduce direttamente in fidelizzazione e impatto del marchio.

Quindi, mentre inizialmente è più difficile per le aziende costruire un seguito su YouTube rispetto alla maggior parte delle altre piattaforme social, il bottino del successo su un follower La base supera le altre piattaforme.

La maggior parte delle aziende che creano contenuti su YouTube si posizionano come autorità nei loro spazi creando contenuti educativi. Molti pubblicano anche video che descrivono in dettaglio come utilizzare la loro piattaforma, interviste con fondatori e membri del team, notizie del settore e copertura di eventi.

Nota queste aziende, che stanno effettivamente creando contenuti che guidano gli spettatori verso i loro prodotti e servizi:

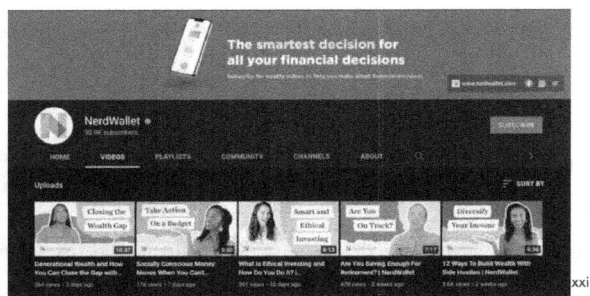
xxii

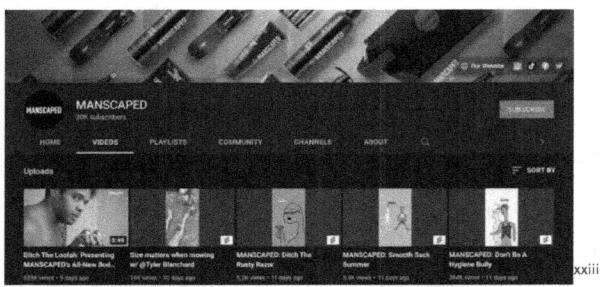
xxiii

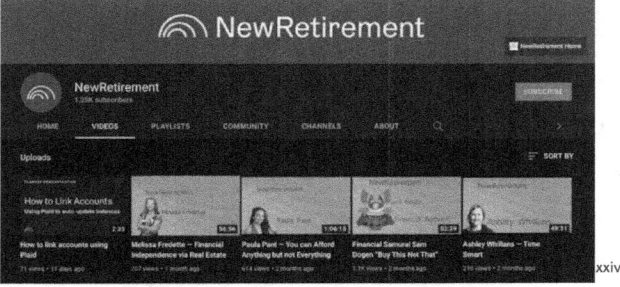
xxiv

Quindi, quando vai su YouTube per la tua attività, pensa al tipo di contenuto che vuoi creare all'interno della tua nicchia: c'è una lacuna nella conoscenza affrontata dai tuoi clienti? Qual è la conoscenza asimmetrica presente in te, nel tuo team e nella tua azienda che ti consente di fare ciò che fai e come puoi impacchettarla per un pubblico su YouTube? Queste domande definiranno la tua identità e la tua strategia di contenuti su YouTube.

Ho sempre trovato utile Scrivi una serie di idee per i video subito dopo aver ideato un concetto di canale. Inizialmente concentrati su video con forti agganci (in modo che funzionino bene come annunci di YouTube) o video che sai che risuoneranno bene all'interno della tua comunità o cerchia professionale.

Mentre sull'argomento, gli annunci YouTube possono essere uno strumento potente ed economico per aumentare l esposizione e far crescere un canale nella fase iniziale. Il costo medio per visualizzazione (CPV) sugli annunci YouTube è solo $ 0,026 (anche se ho ottenuto questo ben al di sotto di $ 0,01). Ciò significa, in sostanza, che potresti pagare 1 centesimo per una persona reale per guardare almeno 30 secondi del tuo video. Ciò equivale a $ 10 per 1.000 visualizzazioni e $ 1.000 per 100.000 visualizzazioni. Immediatamente, mettere solo poche centinaia di dollari in spese pubblicitarie di questo tipo può fare miracoli per un nuovo canale.

In sintesi, crescere su YouTube significa pubblicare video che le persone guardano. Questi elementi determinano quanto sono guardabili i video e quindi quanto bene finiscono per funzionare:

Qualità - illuminazione adeguata, audio e sound design di qualità, editing incisivo e strutture di ripresa pulite non sono tutto, ma sicuramente aiutano. Sebbene dipenda dal tipo di video, di solito è necessaria una buona fotocamera, un set di microfoni e un luogo per filmare (a volte uno schermo verde rende le cose più facili, o forse opterai per contenuti solo grafici con voci fuori campo).

Introduzione : in media, quasi un quarto degli spettatori lascia un video entro i primi dieci secondi. Quindi, concentrati sulla creazione di introduzioni appiccicose.

Lunghezza: le persone non vogliono video enormemente lunghi: la durata media di un video sulla home page di YouTube è di circa 14 minuti. È quasi sempre meglio sbagliare sul lato della brevità dato l'interesse a massimizzare il tempo di visualizzazione. Punta alla fidelizzazione degli spettatori (APV) del 50% o superiore, come evidenziato dalla disparità tra gli APC e il conseguente conteggio delle visualizzazioni dei video sottostanti.

Average percentage viewed	Views	Impressions	Impressions click-through rate
47.3%	14,686	213,790	4.5%

Average percentage viewed	Views	Impressions	Impressions click-through rate
57.0%	5,684,773 496.0K – 803.0K	116,094,388	3.8%

Average percentage viewed	Views	Impressions	Impressions click-through rate
54.7%	**6,731,966**	**127,743,848**	**4.1%**
	531.0K – 1.1M		

Titolo e miniatura! - Le tue miniature sono il modo in cui ti presenti e le prime impressioni durano. Il design delle miniature mira a presentare il concetto di video (senza mentire) nella luce più intrigante possibile.

Come le miniature, i titoli sono uno dei primi modi in cui un potenziale spettatore interagirà con i tuoi video. I titoli tornano allo scopo del video: qual è il tema generale del contenuto che stai creando e chi stai cercando di raggiungere? Se stai cercando di raggiungere un pubblico della GenZ con un video incentrato sull'intrattenimento, ad esempio, i titoli dovrebbero usare un gergo condiviso e sembrare informali. Tuttavia, se stai creando tutorial avanzati per un pubblico adulto, puoi optare per un titolo più diretto o strutturato. In questo modo, cerca sempre di curare il titolo del video e assicurati che i messaggi dei titoli e delle miniature corrispondano.

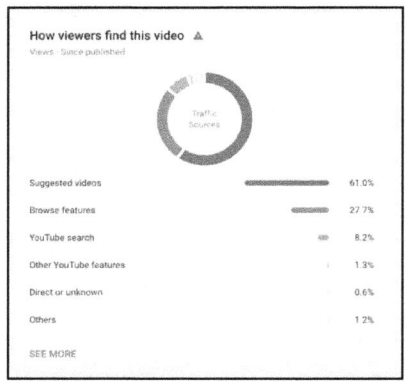

L'importanza delle miniature è evidenziata dall'immagine precedente, poiché la stragrande maggioranza delle visualizzazioni deriva dai video suggeriti e dalle funzionalità di navigazione, ognuna delle quali visualizza i video solo attraverso la miniatura e il titolo.

All'interno di un titolo, pensa a incorporare un gancio, parole chiave e numeri, creando urgenza, definendo chiaramente la soluzione o il valore fornito e usando parole emotive. Prendi nota di questi elementi nei seguenti titoli:

1. Il titolo pone una domanda che attrae una parte sostanziale delle persone, mentre la miniatura rafforza ulteriormente il concetto e la struttura del video.

2. Il titolo piace a tutti attraverso un incentivo comune. Più parti deducono la profondità.

3. Una domanda intrigante è supportata da una miniatura che allude alla natura professionale dell'oratore e, quindi, del video.

4. Il concetto di video si basa su una tendenza corrente, mentre il valore in dollari deduce che il concetto è tirato fuori (ad esempio, non solo clickbait).

5. Il titolo chiaro presenta novità, mentre la miniatura semplicistica rafforza il concetto.

6. La proposta di valore è molto chiara, viene incorporato un numero e la miniatura è visivamente sbalorditiva.

7. Il testo del titolo aggancia le persone che si considerano intelligenti (il pubblico di destinazione del creatore) e l'intrigo viene aumentato attraverso il testo nella miniatura.

8. Le parole chiave pertinenti sono posizionate nella metà posteriore del titolo, mentre la prima metà (e la miniatura) allude alla novità.

9. La prova sociale è dedotta attraverso la tuta e la miniatura ben progettata.

Parole chiavi. Utilizza una decina di parole chiave semi-specifiche nella sezione "tag" di ogni video. Tieni presente che YouTube afferma che "i tag svolgono un ruolo minimo nell'aiutare gli spettatori a trovare il tuo video", tuttavia, soprattutto quando hai appena iniziato, queste parole chiave aiutano il gruppo dell'algoritmo e a classificare i contenuti. Nell'immagine qui sotto, tieni presente la specificità delle parole chiave relative al soggetto del video (che è una sfida di 2000 squat).

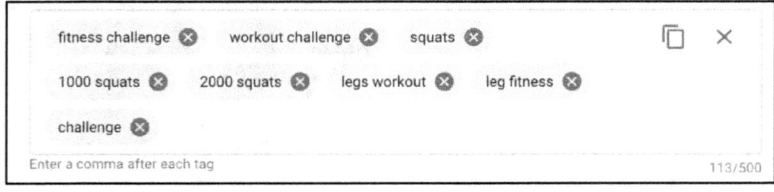

Valore! Tutti gli elementi descritti in precedenza sono importanti. In definitiva, ognuno riguarda il confezionamento di video in modo ottimale. Ciò che conta più di tutto è il video stesso: come per tutti i contenuti social, la quantità di tempo in cui le persone rimangono inevitabilmente correlata alla quantità di valore che fornisci loro, che si tratti di una qualche forma di istruzione, intrattenimento o entrambi (non importa quanto sia grande la miniatura, il titolo o l'introduzione). In sintesi, guida sempre con i desideri e le esigenze cello spettatore. Se fornisci valore, vincerai.

Finora, abbiamo esplorato l'ideazione dei contenuti e come realizzare un video eccezionale. Consideriamo ora metodi e strategie per massimizzare la crescita (oltre agli annunci e all'influencer marketing, come spiegato più avanti):

Frequenza: una volta alla settimana è un minimo solido. La qualità, tuttavia, dovrebbe sempre superare la quantità.

Community: promuovi il tuo canale su altre piattaforme social e in tutta la community e la rete preesistenti della tua attività.

Clip: taglia i tuoi video più lunghi e condividili come cortometraggi di YouTube, così come su Instagram, TikTok, Facebook e ovunque tu abbia una presenza in video in formato breve. Raggruppa i video per playlist su YouTube.

Engage & Reward: ospita omaggi o offri sconti. Pubblica video con altri creator e aziende.

xxvii

Nota come Jordan Welch incorpora regolarmente figure popolari nella sua nicchia nei suoi video. Questo tipo di contenuti supera costantemente i suoi altri video.

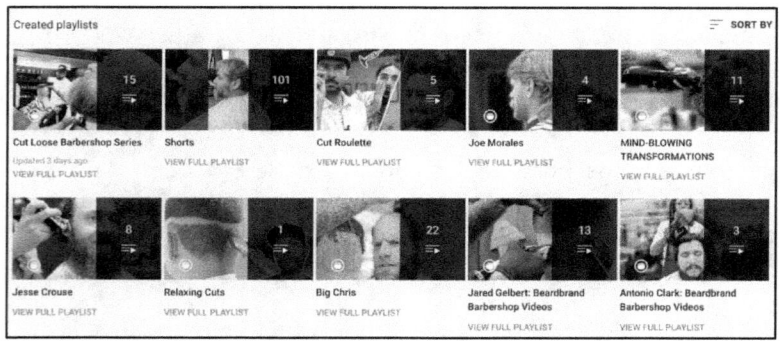

xxviii

Nota come Beardbrand aggiunge la maggior parte dei loro video a varie playlist per aumentare la presenza di ricerca e incoraggiare gli spettatori a guardare più video in una sola seduta.

Monetizzazione. Una volta che i tuoi canali YouTube raggiungono 1.000 iscritti e 4.000 ore di visualizzazione, puoi iniziare a guadagnare dagli annunci inseriti da YouTube sul video. Puoi visualizzare questi requisiti di idoneità nella scheda Monetizzazione in studio.youtube.com.

I guadagni dai video si basano su RPM (entrate per mille visualizzazioni). Le nicchie guadagnano diversi RPM in base alla quantità di denaro che gli inserzionisti all'interno di quella nicchia sono disposti a pagare. In questo modo, i video finanziari guadagnano RPM più elevati rispetto ai video di gioco poiché le società finanziarie sono disposte a pagare di più per mostrare i loro annunci agli spettatori di YouTube. Oltre a guadagnare dagli annunci inseriti nei tuoi video una volta monetizzati, puoi controllare quanti annunci vengono inseriti su un determinato video e dove viene inserito ciascun annuncio. In genere, posiziona un annuncio pre-roll e un annuncio mid-roll a circa otto minuti (a seconda della lunghezza del video).[15]

Puoi scegliere di reinvestire le entrate di YouTube in promozioni video. Per esemplificare questa strategia, prendi il video qui sotto, che ha generato $ 5.800 di entrate AdSense (AdSense è la piattaforma di monetizzazione di Google, che gestisce i pagamenti delle entrate pubblicitarie).

---

[15] In alternativa, posiziona un secondo annuncio leggermente prima che la fidelizzazione inizi a diminuire.

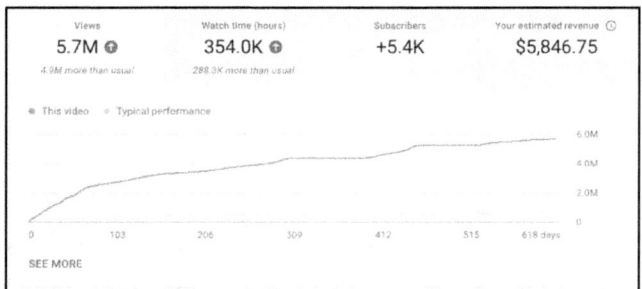

Se le entrate derivate da quanto sopra sono state reinvestite in annunci a un CPV di $ 0,01 (come sopra), ulteriori 580.000 visualizzazioni potrebbero essere indirizzate verso un annuncio o un video, guadagnando così diverse centinaia di abbonati in più e circa $ 600 di entrate aggiuntive.

In questo modo, le aziende su YouTube possono reinvestire le entrate in promozioni video tramite annunci YouTube o utilizzare le entrate per coprire i costi di creazione dei contenuti. Questo parla del valore di YouTube non solo come strumento per guidare i clienti più in basso lungo un funnel, ma per generare entrate top-line.

Una volta monetizzato, puoi sfruttare l'integrazione di Teespring all'interno di YouTube per vendere merce da una sezione "negozio" direttamente sotto i tuoi video di YouTube. Per esplorare questa funzione, visita "merchandising" sotto "monetizzazione" in studio.youtube.com

Soprattutto, guida con la mentalità di YouTube come un gioco a lungo termine. Risultati rapidamente a valanga, ma potrebbe volerci un po 'di tempo per raggiungere i primi cento, migliaia o diecimila abbonati. Durante tutto il processo, ricorda che la coerenza e il valore vinceranno: se tu e la tua azienda fate queste due cose, sarete a conoscenza dei vantaggi rivoluzionari di una presenza di successo su YouTube.

Crescere su Twitter

Twitter è una piattaforma di interazioni rapide e cultura frenetica. I marchi che fanno bene su Twitter hanno il polso della cultura non solo del loro campo, ma della società. I commenti spiritosi o penetranti su tendenze e notizie, i contenuti coinvolgenti o controversi relativi al tuo marchio e alla tua attività e la satira in genere offrono i risultati migliori. In tutti questi casi, fai del tuo meglio per creare contenuti a cui le persone ritwitteranno e aggiungeranno commenti. Questo, in definitiva, è il modo in cui i tweet e i thread virali (i thread sono stringhe di tweet correlati, forse per esplorare un'idea che non può essere spiegata in un singolo tweet, creato rispondendo ai propri tweet) esplodono.

Semmai, non appaiono eccessivamente modificati o professionali come marchio su Twitter. Twitter è incentrato sulla comunità e sulla cultura, e il modo migliore per conquistare i cuori (e i portafogli) degli utenti è attraverso contenuti creativi e coinvolgenti, non lanciando la tua attività o i tuoi prodotti (a meno che non siano davvero coinvolgenti abbastanza unici da soli). Le persone possono vedere attraverso chiunque non sia "al corrente" e portare aiuto per aggiungere rilevanza se non sei un utente di Twitter è una strategia di gran lunga superiore.

Successivamente, non far sembrare il tuo marchio off-limits: interagisci attraverso i commenti, costruisci relazioni con i clienti, incoraggia i retweet e segui (alcune) persone.

Pubblica almeno 1-2 volte al giorno sul tuo account Twitter. Questo dovrebbe variare in base agli eventi attuali a cui la tua azienda può ragionevolmente aggiungere commenti. Ritwitta al minimo indispensabile più volte alla settimana. Nota che il coinvolgimento è di solito il più alto tra le 9 e le 10 del mattino (come sempre, regola i tempi secondo le tue analisi di Twitter nel tempo).

Dai un'occhiata ad alcuni tweet storici di grandi marchi:

Nota come @netflix pubblicizza indirettamente lo spettacolo (il cui nome è sottilmente posizionato in basso a sinistra dell'immagine) attraverso una linea spiritosa.

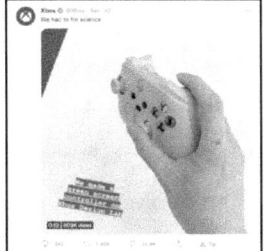

Nota come @Xbox sfrutta i contenuti coinvolgenti per mostrare un lato simpatico del team Xbox.

Nota l'uso dei thread e l'incentivo @SlimJim creato per gli spettatori a interagire con il post.

Crescere su LinkedIn

La costruzione del pubblico su LinkedIn inizia con la costruzione del profilo. Assicurati che la tua pagina LinkedIn personale, così come quella della tua attività, sia completamente compilata. I profili con informazioni complete ottengono in media il 30% in più di visualizzazioni, mentre questo differenziale si espande per i profili che pubblicano regolarmente contenuti. Assicurati di compilare alcune pagine vetrina, che sono estensioni affiliate della pagina della tua azienda utilizzate per evidenziare un'unità aziendale, un'iniziativa o un verticale. Infine, assicurati che tutti gli elementi del profilo di ogni pagina siano impostati su pubblico.

Come sempre Per prima cosa attira un pubblico da fonti esterne. Assicurati di aver massimizzato le connessioni della tua pagina LinkedIn personale e che i dipendenti seguano la tua pagina aziendale di LinkedIn. Infine, assicurati di unirti e partecipare ai pertinenti gruppi di LinkedIn.

Oltre questi Le basi di SEO e ottimizzazione, aumentare l'esposizione e costruire un pubblico per la tua attività su LinkedIn richiedono la creazione di contenuti. LinkedIn offre semplici strumenti di creazione di contenuti attraverso la visualizzazione super amministratore della pagina aziendale e consente agli amministratori della pagina di creare e aggiungere contenuti attraverso un'ampia varietà di strumenti, in particolare tra cui sondaggi e un'intera sandbox per la creazione di articoli.

Secondo la strategia digitale che hai creato, è più efficiente semplicemente ricondividere i contenuti su LinkedIn che è stato inizialmente progettato per altre piattaforme e viceversa. Ad esempio, se la tua azienda ha già un blog, prendi quel contenuto, modificalo per adattarlo alla tua pagina LinkedIn e condividilo sul tuo profilo LinkedIn.

I post con una combinazione di tipi di contenuti, ad esempio un'immagine di intestazione, un post di blog o un sondaggio, ottengono i risultati migliori. Assicurati di incorporare una varietà di hashtag pertinenti nei contenuti e suddividi i post più lunghi in brevi paragrafi e intestazioni.

Condividi almeno 1-2 post a settimana. Oltre a pubblicare sulla tua pagina aziendale, Pubblica regolarmente sul tuo profilo personale per indirizzare potenziali lead verso la tua attività e interagisci regolarmente su entrambi i profili nelle sezioni dei commenti. Rendi più facile per i dipendenti pubblicare contenuti di LinkedIn, ad esempio durante eventi aziendali, promozioni, pietre miliari, ecc.

Man mano che cresci, tieni il passo con l'analisi per misurare quali sono i visitatori o non sono coinvolti con, così come quali dati demografici costituiscono quei visitatori. Aggrega queste informazioni per prendere decisioni sull'ideazione e la strategia dei contenuti in futuro.

Se il tuo marchio lavora con influencer o altre aziende, taggateli nei post e incoraggiateli (meglio ancora, coordinatevi con loro) a taggare il vostro marchio in cambio.

Infine, considera l'utilizzo degli annunci LinkedIn per Crescita di SpeedRun. Questo processo è descritto nella sezione pubblicità.

Queste strategie assicurano un mezzo olistico non solo per ottenere un seguito e una base di consumatori su LinkedIn, ma Garantire che la tua azienda rimanga visibile, generi lead in un ambiente professionale e massimizzi le opportunità di business.

Nota alcuni esempi di profili LinkedIn per piccole imprese ben fatti:

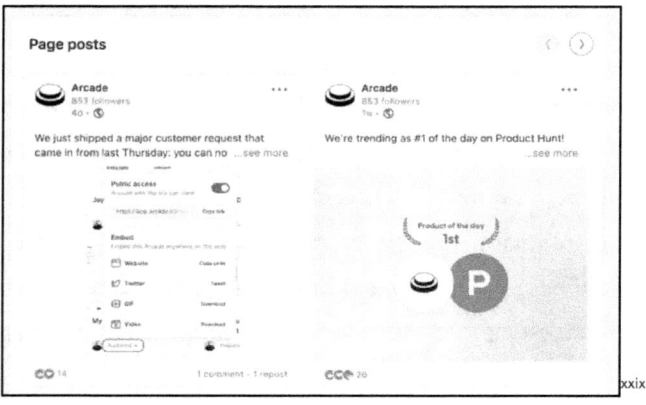

Nota il mix di aggiornamenti aziendali e contenuti coinvolgenti in forma più lunga.

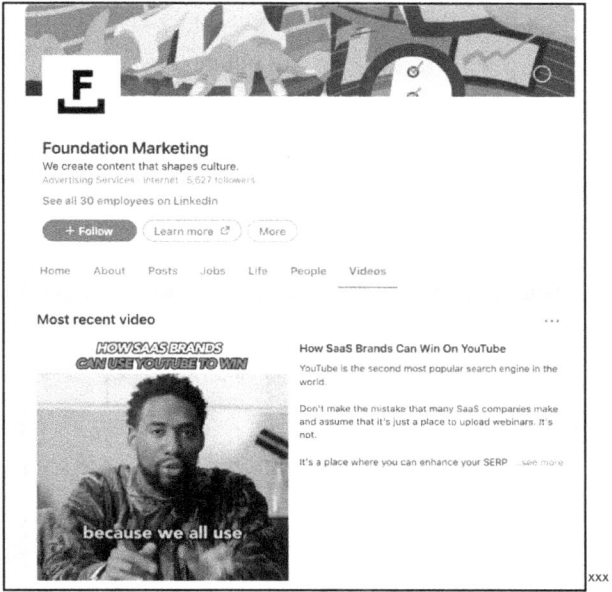

Nota l'uso di contenuti video di qualità per trasmettere l'autorità del marchio e promuovere il coinvolgimento.

Crescere su Pinterest

Pinterest è tutto incentrato sulla grafica. La crescita su Pinterest inizia con un flusso coerente di immagini di qualità: se questa pipeline non è già incorporata nella tua attività (come nel caso di una società di moda o immobiliare), impegnarsi nella costruzione di un pubblico Pinterest non è la mossa giusta.

Pinterest ha sede sulle tavole, che rappresentano un tema centrale sotto il quale sono organizzate le immagini. Le immagini da Internet possono essere "appuntate" su una bacheca, oppure le immagini già presenti su Pinterest possono essere "ri-appuntate" in un'altra bacheca. I pin possono essere commentati.

Quindi, crescere su Pinterest riflette il numero di immagini pubblicate, il numero di schede che hai e il numero di pin e re-pin che orchestri. Sono necessari almeno cinque pin al giorno (preferibilmente qualche dozzina) per far crescere un pubblico. Mashable e Pinerily hanno scoperto che il sabato, il pomeriggio e la sera sono i giorni e gli orari migliori in termini di impegno.

Per quanto riguarda il contenuto stesso, Pinterest è progettato attorno a immagini di alta qualità senza volti umani (figure / corpi vanno bene), niente testo né bordi e contenuti visivi coinvolgenti. Per ogni pin e bacheca, assicurati di compilare le descrizioni associate con contenuti ricchi di parole chiave che includano il nome del tuo marchio. Visita trends.pinterest.com per idee sui contenuti. Infine, tieni presente che i video possono essere pubblicati, quindi ripubblicare contenuti in forma breve è un ottimo modo per riciclare contenuti di successo. Assicurati solo che sia pertinente per il tuo pubblico di Pinterest.

Pubblicare regolarmente pin da una varietà di siti Web (principalmente, ovviamente, il tuo) è meglio accompagnato da un coinvolgimento regolare attraverso bacheche di gruppo, sezioni di commenti e contenuti pubblicati da altri marchi.

Nota la sensazione coerente dei contenuti di Pinterest, così come il volume puro di pin su ogni bacheca.

Lo ripeto: Pinterest è un must per i marchi visivi, specialmente per quelli che vendono prodotti o servizi online. Se sei tu, almeno ricondividi le foto che stai già utilizzando all'interno della tua azienda sulla piattaforma. La crescita crescerà a valanga nel tempo man mano che gli utenti troveranno e riappuntano i tuoi contenuti.

Creazione di contenuti social

Io In questa sezione, tratteremo brevemente alcune nozioni di base sulla creazione di contenuti basati su video, foto e grafica.

Grafica

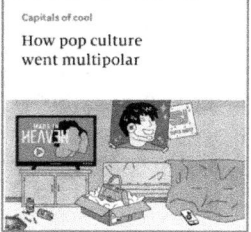

xxxi

La maggior parte delle aziende che operano sui social media incorporano pesantemente il design grafico nella loro strategia di contenuto. Questo genere di post è solitamente visivamente semplice e colorato. Trasmette informazioni attraverso testo e semplici disegni vettoriali (ad esempio, immagini semplicistiche, cartoni animati o forme tracciate).

Grafica di questo tipo non sono Straordinariamente difficile da realizzare e richiede solo alcune conoscenze di base nell'utilizzo di qualsiasi numero di strumenti di progettazione online. Puoi esternalizzare questo tipo di lavoro, che di solito è economico (l'outsourcing è trattato nel prossimo capitolo sull'automazione e la sostenibilità) o farlo da solo. Quest'ultimo viene solitamente eseguito sulle seguenti piattaforme:

Canva - Canva è uno strumento di progettazione grafica fai-da-te ultra-semplicistico. È gratuito e offre una varietà di modelli predefiniti.

Photoshop - Photoshop presenta una suite completa di strumenti di fotoritocco. Richiede un po 'più di tempo per imparare rispetto a un'opzione come Canva e costa $ 20 al mese (a seconda della scelta del piano Creative Cloud), ma presenta un ambiente di editing professionale e completo.

Fotopea - Photopea è un servizio gratuito modellato su Photoshop. Rappresenta un mix tra i due servizi descritti in precedenza.

Per trarre ispirazione dal copyright e dallo stile della grafica pubblicata dalla tua azienda, è meglio guardare cosa stanno facendo i concorrenti o i marchi che stai cercando di emulare e lavorare da lì. Concentrati su messaggi e testi semplici (non il tempo per paragrafi né spiegazioni approfondite!) e incorpora la strategia e l'identità del marchio.

Foto

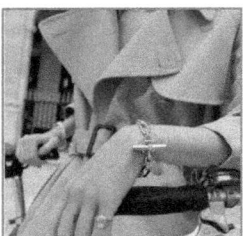

xxxii

Il contenuto fotografico è il livello intermedio in termini di difficoltà tra grafica e video. Le buone foto non richiedono fotocamere oscenamente costose; le fotocamere Canon più economiche ($ 1-2 mila) sono più che sufficienti (anche l'attrezzatura noleggiata fa il lavoro). La difficoltà principale è nella configurazione delle foto, specialmente per gli scatti dei prodotti. Altri tipi di scatti utilizzati principalmente dalle aziende, foto di eventi, posizione aziendale, ecc., Vengono predefiniti con un set, e questo rende il lavoro risultante molto più semplice.

Quando si tratta di grandi scatti di prodotti, devi farlo solo una volta: sii disposto a spendere soldi per assumere fotografi per fare un lotto iniziale se non ti senti a tuo agio a scattare le foto da solo. Se ti senti abbastanza a tuo agio dietro una fotocamera, usa l'app Peerspace per trovare le location delle riprese. I grandi spazi partono da $ 25 l'ora, mentre le posizioni più eleganti possono arrivare fino a $ 150 o più all'ora. Sono richieste poche conoscenze tecniche e l'utilizzo di spazi affittati come quelli nella pagina successiva è di gran lunga il modo più economico per accedere a set fotografici di qualità.

Quando si scatta qualsiasi tipo di foto relative a un'azienda, la semplicità è solitamente migliore. Cerca di attenersi a un tema stilistico generale e a un profilo colore.

Nelle immagini astratte sottostanti, nota l'uso della luce, del contrasto e della messa a fuoco.

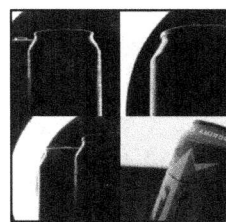  

Nelle immagini del prodotto qui sotto, nota la semplicità degli sfondi e dei profili colore.

Ancora una volta, mentre la barriera di ingresso per scattare il tipo di foto più utilizzate dalle piccole imprese, come scatti di prodotti e location, media di eventi e immagini di squadra non sono incredibilmente difficili da creare, va sottolineato che le immagini sono incredibilmente importanti nello spazio online. È molto meglio spendere qualche soldo in più e assumere un'agenzia piuttosto che farlo da soli se non ti senti a tuo agio nel lavorare con telecamere e set.

In sintesi: come azienda, metti il tempo, lo sforzo e il denaro necessari per avere un bell'aspetto. Tale strategia è estremamente necessaria negli ambienti digitali.

Video

xxxv

Il video è importante per il business poiché è un modo molto efficiente di comunicare una grande quantità di informazioni a uno spettatore in un breve lasso di tempo (se un'immagine vale più di mille parole, quanto vale un video?).

Che tu stia creando clip brevi, video YouTube più lunghi o annunci video, sapere come produrre video eccezionali a costi minimi è prezioso.

La videografia per le aziende è meglio vista come un'estensione della fotografia: mantienila visivamente semplice e non sentire il bisogno di concederti il lusso di set folli o modifiche esagerate (né risoluzione 4k: 1080p va bene). Tieni presente che avrai bisogno di microfoni (on-body o on-camera fa il lavoro) oltre a una fotocamera durante le riprese video.

Se stai cercando di realizzare video internamente, la stessa strategia di noleggio di set video attraverso un servizio come Peerspace è massimamente conveniente. Il montaggio viene eseguito al meglio tramite Adobe Premiere Pro o Final Cut Pro. DaVinci Resolve è un'ottima alternativa gratuita.

In una nota finale, non aver paura di esternalizzare la produzione video: proprio come con la fotografia, è quante persone verranno introdotte nella tua attività. È molto meglio farlo bene a costi più elevati, ma non sottoscrivere l'idea che non puoi farlo direttamente internamente, né al di fuori di un budget ragionevole.

Automazione e sostenibilità

La maggior parte dei creatori e dei gestori di social media non menziona che *i social media sono difficili*. Stabilire una presenza online è difficile. Creare contenuti coinvolgenti è difficile. Costruire un imbuto ottimizzato è difficile. Devono essere difficili, perché il bottino del successo è immenso – come dice l'adagio, se fosse facile, tutti lo farebbero.

Per fortuna, ci sono alcuni strumenti che semplificano la gestione degli aspetti digitali della tua attività. **L'outsourcing** sta portando altre persone, in genere lavoratori specializzati, per gestire alcune parti del business. **L'automazione** sta costruendo sistemi che funzionano da soli. Quasi tutti gli aspetti dei social media e dei media digitali possono essere esternalizzati o automatizzati a notevole vantaggio del proprietario dell'azienda.

Oggi, l'outsourcing viene effettuato attraverso una varietà di servizi che ti collegano a liberi professionisti specializzati. Questi servizi sono preziosi per alcuni motivi: in primo luogo, dal momento che ti collegano ai liberi professionisti di tutto il mondo e il campo è così competitivo dal lato dell'offerta, hai accesso a una vasta gamma di potenziali lavoratori e prezzi bassi. In questo modo, molti dei compiti umili inerenti al marketing digitale e sociale sono frutti a basso impatto da esternalizzare a costi relativamente bassi. Naturalmente, se hai manodopera disposta a svolgere il lavoro di persona (di nuovo, gli stagisti sono ottimi per questo), di solito è l'opzione migliore, ma per tutti gli altri, l'outsourcing è la strada da percorrere. Ecco alcune attività comuni che possono essere facilmente esternalizzate:

- Creazione di siti web.
- Ricerca di tendenze.
- Ideazione del contenuto.
- Articolo e copywriting.
- Gestione delle campagne PPC (pay-per-click).
- Pubblicazione di contenuti.

Può sembrare strano dare a un estraneo l'accesso a parti della tua attività. Tieni presente che i freelance si affidano a buone recensioni e passaparola per generare clienti; Lavorando solo con freelance affermati (o agenzie) che presentano una solida storia e una base di recensioni, non vi è assolutamente alcun rischio per la sicurezza nell'outsourcing.

La difficoltà principale nel lavorare con i liberi professionisti è che non hanno familiarità con il funzionamento e la strategia del marchio della tua azienda come te e i tuoi dipendenti (questo è il motivo per cui le attività più facilmente esternalizzate sono quelle che richiedono poca conoscenza effettiva del business). Ci sono diversi rimedi al problema: uno, semplicemente condividere risorse che educano i liberi professionisti sulla tua attività e visione (questo è molto più realistico se i liberi professionisti sono sotto contratto a lungo termine), o due, lavora con un'agenzia che dedica un insolito grado di tempo e sforzi per comprendere la tua attività (in poche parole, trova buoni liberi professionisti e agenzie con cui lavorare).

Per quanto riguarda dove si possono trovare esattamente questi liberi professionisti, considera il seguente elenco:

- **Fiverr:** Fiverr è il più grande mercato per liberi professionisti e presenta una vasta gamma di offerte. È il servizio meno controllato, ma spesso il più economico, in questo elenco.
- **Upwork:** Upwork è un leader del settore nello spazio freelance focalizzato principalmente su sviluppo web, progettazione grafica, scrittura e servizi di marketing. Upwork è ottimo per stabilire relazioni e contratti a lungo termine.
- **Designhill:** specializzata in servizi di grafica e web design.
- **Toptal:** seleziona i freelance per offrire solo "il 3% dei migliori talenti freelance". Toptal si concentra sui servizi negli spazi di sviluppo software, progettazione e gestione del prodotto.
- **Reedsy:** è specializzata nella fornitura di servizi agli autori, ma è ottima per assumere qualsiasi tipo di editor o ghostwriter per blog, copywriting o lavori di progettazione grafica.
- **99designs:** specializzata in servizi di progettazione.
- **Codeable:** è specializzato in tutto ciò che riguarda WordPress.
- **Gun.io:** specializzato in ingegneria del software.
- **PeoplePerHour:** ottimo per progetti a breve termine.
- **Skyword:** si concentra sulla scrittura e sulla strategia dei contenuti.

Se preferisci lavorare con un'agenzia, che in genere è più costosa ma offre un'esperienza più personalizzata e un maggiore volume di servizi. Puoi trovarne alcuni locali semplicemente cercando "agenzia di social media vicino a me" o "agenzia di marketing digitale vicino a me" su Google. In alternativa, trova un numero qualsiasi di agenzie che operano digitalmente cercando le attività che stai cercando di esternalizzare.

Quando si tratta di Outsourcing di attività a bassa competenza, optare per il miglior prezzo. Per le attività ad alta competenza, concentrati sulla qualità rispetto al prezzo.

Inoltre, tieni presente che i siti Web di freelance che richiedono di pubblicare un lavoro e i liberi professionisti per competere per il posto spesso spingono i liberi professionisti a fare offerte significativamente al di sotto della loro tariffa ideale. Approfitta di questo processo rispetto a siti come Fiverr mentre visualizzi gli annunci di lavoro pubblicati dai liberi professionisti.

Questo è ciò che devi sapere quando si tratta di outsourcing: è un metodo potente per semplificare e accelerare il processo di marketing digitale (o qualsiasi processo aziendale per quella materia) a qualsiasi livello o tipo di attività.

Il secondo modo di fare le stesse cose è automazionePrecedentemente definita come la creazione di sistemi che funzionano da soli, l'automazione è meglio vista come la rimozione del lavoro umano e dello sforzo da un processo, in genere attraverso software e codice. Mentre l'outsourcing sostituisce il lavoro interno con il lavoro esterno, l'automazione è molto più vicina a una soluzione una tantum: una volta che un'attività dominata dall'uomo è automatizzata, raramente torna indietro.

L'automazione è estremamente diffusa nello spazio digitale. Le aziende incorporano software e automazione in tutti i tipi di compiti importanti, compresi non solo quelli che gli esseri umani una volta eseguivano, ma quelli che non potrebbero mai essere svolti dai lavoratori umani. Considera alcuni aspetti del marketing digitale maturi per l'automazione:

- Gestione e ottimizzazione PPC (ad esempio, aggiustamenti della spesa pubblicitaria in base alle regole di rendimento)
- Social Media Engagement (dm auto-responder, auto-engagement)
- Pubblicazione (pianificazione dei post)

Il tipo di automazione più semplice da implementare è SaaS, o software-as-a-service, che consente di pagare un abbonamento mensile per utilizzare software che automatizza alcuni aspetti delle attività digitali.

Ad esempio, io ha lavorato con Ivan ad AdsDroid per qualche tempo per gestire i miei annunci Amazon. Il suo software identifica automaticamente le parole chiave più performanti e modifica le offerte degli annunci nel tempo. In questo modo, senza codificare nulla da soli, è possibile sfruttare potenti strumenti software per automatizzare i flussi di lavoro digitali.

Elencherò di seguito alcuni popolari servizi di automazione digitale, nonché il loro scopo previsto:

- **Zapier** - automazione personalizzata su 5.000 app.
- **Hootsuite** : pianifica i post, monitora la concorrenza e visualizza analisi uniche.
- **Più tardi** : pianifica i post e gestisci i commenti.

- **Tailwind** - strumento di pianificazione e analisi, migliore per Pinterest.
- **CoSchedule** - pianificatore di post di massa.
- **Iconosquare** - analisi avanzate.
- **BuzzSumo** : identifica argomenti di tendenza e influencer.
- **Scoop.it** - curare i contenuti da altre fonti.
- **Menzione** : vedi dove viene menzionato il tuo marchio, identifica gli influencer e monitora le parole chiave in tempo reale.
- **MeetEdgar:** crea una libreria di contenuti che desideri condividere su diverse piattaforme e inseriscili automaticamente in programma e condivisi per te.
- **SocialPilot** - pianificazione dei post, collaborazione in team, caricamento collettivo, gestione delle campagne pubblicitarie di Facebook.
- **Facebook Pages Manager** - gestisci le tue pagine Facebook.
- **Zoho Social** - strumento di pianificazione e analisi, ideale per i team che collaborano digitalmente.
- **PromoRepublic** - piattaforma di marketing locale.
- **Audiense Connect** - Gestione Twitter.
- **Napolean Cat** - ampia gamma di funzioni di automazione per campagne multipiattaforma.

Altri strumenti possono essere utilizzati per gestire la collaborazione digitale, come segue:

- **Slack** - comunicazione interna.
- **Asana** - collaborare a progetti.

- **Trello** - organizza i tuoi progetti.

In sintesi, l'automazione presenta un secondo metodo per mitigare i costi (in termini di tempo e fatica e denaro) delle operazioni digitali. L'obiettivo è l'efficienza: poiché i social media sono un gioco a lungo termine, eliminare il lavoro a breve termine e lo sforzo creativo messo nei social media e in tutti i tipi di operazioni digitali, mantenendo al contempo l'output garantisce al meglio la longevità e il successo di qualsiasi sforzo digitale.

Pubblicità

Le persone e le aziende esperte nella pubblicità a pagamento hanno essenzialmente accesso a una stampante di denaro. C'è un eccesso di canali pubblicitari disponibili, che vanno da Facebook e TikTok a Google e YouTube. La maggior parte degli annunci ha lo scopo di vendere un prodotto di servizio, anche se alcune grandi aziende eseguono campagne massicce solo per costruire la buona volontà del marchio. I buoni annunci progettati per vendere un prodotto o un servizio sono redditizi per tutta la vita; il profitto maturato dagli annunci è maggiore della spesa pubblicitaria non necessariamente a breve termine, ma considerando il valore del cliente derivato nel ciclo di vita (LTV).

Poiché la pubblicità a pagamento è così scalabile e raggiunge così tante centinaia di milioni di persone, gli annunci di pareggio o redditizi sono uno strumento incredibilmente prezioso. Naturalmente, la pubblicità online non è un segreto e non è facile. Molti operatori pubblicitari operano in perdita per guidare il traffico e le vendite verso i loro prodotti nella speranza che il marketing a pagamento alla fine crei uno slancio organico.

Indipendentemente dalla redditività oggettiva della spesa pubblicitaria, una persona con la capacità di migliorare l'efficacia degli annunci di un'azienda, indipendentemente da tale efficacia, vale un sacco di dollari per quell'organizzazione. Una persona che eccelle nella pubblicità a pagamento può indirizzare enormi quantità di traffico mirato verso siti Web di sua scelta e molti singoli imprenditori lo utilizzano nelle proprie attività.

Quindi, cosa comporta la pubblicità a pagamento? Generalmente, la pubblicità comporta un imbuto. Ogni imbuto pubblicitario ha diverse fasi, che introducono le persone al marchio e al business al livello più alto e li trasformano in clienti paganti al livello più basso. I funnel non hanno sempre bisogno di incanalarsi verso un punto di acquisto, ma solo verso i KPI identificati nelle sezioni brand e social strategy. Ad esempio, si consideri il seguente imbuto di un'attività teorica:

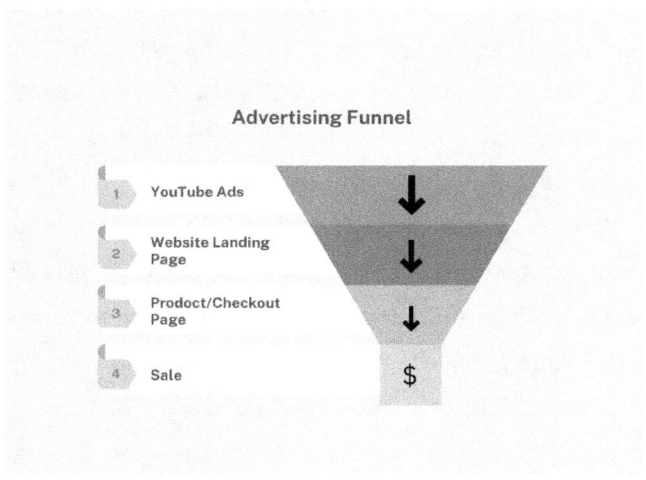

La creazione di ottime canalizzazioni pubblicitarie a pagamento non riguarda solo gli annunci. Invece, ogni passaggio della canalizzazione deve essere ottimizzato per portare il maggior numero possibile di persone alla fase successiva. Nel caso teorico, diciamo che 1 milione di persone vedono l'annuncio YouTube della piccola impresa. Su 1 milione, solo 10.000 fanno clic sull'annuncio e passano alla pagina di destinazione. Quindi, solo 1.000 avanzano alla pagina di checkout del prodotto e 100 si convertono in una vendita. In qualsiasi momento, un passo sbagliato nella canalizzazione (ad esempio, un sito web, un annuncio o una pagina di checkout dannosi) potrebbe avere un impatto drastico sui risultati. In questo modo, ogni fase deve essere lavorata per garantire che venga creato il miglior imbuto complessivo possibile. Esploriamo i suggerimenti per creare e migliorare ogni fase della canalizzazione.

Nella parte superiore di una canalizzazione pubblicitaria a pagamento c'è un annuncio, che viene mostrato agli utenti di un determinato mezzo, come un sito Web di social networking. Gli annunci di solito sono la fase di conversione più bassa dell'intero funnel poiché gli utenti sono sovraesposti agli annunci sulla maggior parte delle piattaforme. Mentre l'argomento della creazione degli annunci sarà esplorato a fondo in tutte le sezioni per piattaforma pubblicitaria, concentrati su questi elementi chiave su tutta la linea (e su tutte le piattaforme) quando crei annunci:

Crea pensando al tuo pubblico. Non stai creando una pubblicità per tutti. Stai creando inserzioni progettate per entrare in risonanza con il tuo pubblico (i tuoi futuri clienti). Mantieni quel gruppo e i loro problemi specifici a fuoco acuto.

Copywriting/conversazione. A seconda del formato (foto, video, testo, ecc.), hai un breve tempo in cui comunicare un messaggio ai tuoi spettatori. Negli annunci video, devi avere un gancio conciso (a seconda della lunghezza), mentre negli annunci basati su foto e testo, un titolo accattivante è imperativo. Lavora sulla semplicità e incorpora gli slogan del marchio identificati nella sezione della strategia del marchio. Assicurati, soprattutto, che se fossi nei panni di un potenziale cliente, continueresti a guardare il tuo annuncio (chiedi anche ad alcuni amici, potresti essere un po 'di parte).

Design (immagini). Le immagini, o immagini, dipendono dal tipo di pubblicità che scegli di produrre. Gli annunci video sono visivamente diversi dalla grafica o dagli annunci di testo. Quando si tratta di annunci video, le immagini e gli elementi di design dovrebbero supportare e promuovere la messaggistica e l'invito all'azione. Ripensa alla sezione della strategia del marchio e basa il design su quelle scelte. Considera il ritmo e la lunghezza: vuoi produrre solo un annuncio video di 15 secondi o forse un video più lungo di 2 minuti. Queste scelte saranno considerate in modo approfondito in tutta la sezione degli annunci di YouTube. Per gli annunci basati su foto, è ancora più importante che gli elementi visivi supportino la messaggistica e l'invito all'azione dell'annuncio. Mantienilo semplice e on-brand.

Messaggio. Al di là del gancio iniziale, le grandi pubblicità incentrate sul prodotto trasmettono chiaramente il valore della loro attività e offerta agli spettatori. La maggior parte identifica o allude a un problema e descrive la soluzione offerta, spesso in un modo che incorpora la prova sociale. Indipendentemente dal tipo di pubblicità che produci, tieni a mente il messaggio e mantienilo breve e potente.

Invito all'azione. Gli inviti all'azione incoraggiano i clienti a intraprendere le azioni che portano al tuo KPI. Gli inviti all'azione possono assumere la forma di "acquista ora", "prenota una chiamata" o "scopri di più". Qualunque cosa sia, assicurati che sia visivamente chiara e diretta. Prendi in considerazione l'offerta di una sorta di incentivo oltre la proposta di valore dell'azienda, come uno sconto, una prova o una ricompensa, e mirare ad aumentare l'urgenza.

Dopo le conversioni derivate dagli annunci, i clienti vengono solitamente indirizzati a una pagina di destinazione di qualche tipo. Una landing page è un'era web autonoma creata appositamente per una campagna di marketing. In alternativa, puoi indirizzare gli spettatori a un profilo social della tua attività su cui stai cercando di far crescere un seguito. La pagina di destinazione in genere incanala gli utenti verso la fase finale della canalizzazione, che si tratti di iscriversi a una mailing list, visitare la posizione geografica di un negozio o acquistare un prodotto online. Quando crei pagine di destinazione o siti web, considera queste best practice:

Comunica chiaramente un messaggio. La maggior parte delle persone farà clic sulla tua pagina di destinazione quasi immediatamente. La tua pagina deve avere un titolo forte che trasmetta in modo conciso il valore della pagina (perché uno spettatore dovrebbe rimanere). Puoi utilizzare lo slogan della tua attività o offrire uno sconto. Non importa come lo fai, assicurati che qualcuno nel tuo pubblico di destinazione che non ha precedenti esposizioni alla tua attività vorrà rimanere.

Grafica vibrante e testo avvincente. Questo si lega alla strategia del tuo marchio nel suo complesso: assicurati che le immagini (che sono un must!) e i colori della pagina di destinazione comunichino l'atmosfera dell'azienda. Ad esempio, se sei un'agenzia di interior design personalizzata, puoi scegliere di scegliere colori chiari e amichevoli e immagini di clienti e membri del team felici. Se offri consulenza operativa ai clienti aziendali, puoi utilizzare un set di colori più scuro e raffinato con immagini basate sui dati. Inoltre, assicurati che il tuo titolo sia seguito da un copywriting conciso ma potente. Testimonianze, foto con i clienti e immagini di prova sociale (tutto ciò che comunica che sei reale e professionale) funzionano tutti bene.

Forte invito all'azione. Il tuo invito all'azione spinge gli spettatori della pagina a eseguire un'azione che li spinge ulteriormente lungo la canalizzazione. Ad esempio, "scarica", "scaricalo ora" e "prenota una chiamata" sono tutti inviti all'azione. Assicurati che l'invito all'azione sulla tua pagina di destinazione sia chiaro e che tutti gli elementi della pagina portino gli spettatori ad essa. Puoi offrire una sorta di sconto o ricompensa per incoraggiare le persone a partecipare all'invito all'azione.

Assicurati che il processo di registrazione all'invito all'azione non sia difficile. Fare clic su "prenota una chiamata" e quindi dover compilare pagine di informazioni personali, ad esempio, è sicuro di ridurre drasticamente i tassi di iscrizione anche una volta cliccato il pulsante di invito all'azione. Piuttosto, semplificare e abbreviare il esperienza del cliente per quanto ragionevolmente possibile.

Ora abbiamo esplorato i passaggi generali coinvolti nella creazione di una canalizzazione pubblicitaria a pagamento: prima l'annuncio, poi la pagina di destinazione e infine l'invito all'azione e il comportamento risultante. Ora procederemo in una descrizione delle principali piattaforme pubblicitarie e delle migliori pratiche per ciascuna.

Google Ads

Google ads è la quintessenza della piattaforma pubblicitaria dei motori di ricerca. Serve annunci alle 70.000 persone che cercano qualcosa su Google ogni secondo e ai suoi quattro miliardi di utenti in generale.

Google Ads ha una percentuale media di clic del 2%, il che significa che un utente su cinquanta fa clic su un 1,2 milioni di aziende utilizzano gli annunci Google, mentre le aziende guadagnano in media $ 2 di entrate per ogni dollaro pubblicitario che spendono.

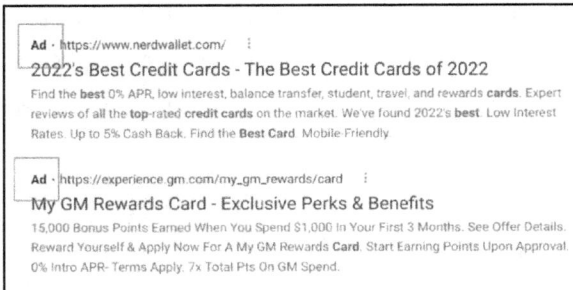

In sintesi, Google Ads è uno strumento potente per tutti i tipi di attività. Gli annunci Google sono basati su un PPCo modello pay-per-click. Ciò significa che paghi solo quando il tuo annuncio viene cliccato: se 1 persona su 100 fa clic sull'annuncio, paghi solo per un clic, non per le cento visualizzazioni (note come impressioni). Tieni presente i seguenti termini non solo quando si tratta di annunci Google, ma di tutte le piattaforme pubblicitarie PPC:

- Un **parola chiave** è una parola o una frase cercata dagli utenti che vedono il tuo annuncio.
- Percentuale di clic, nota come **CTR** o **CTW**, è clic divisi per impressioni o il numero di persone che hanno fatto clic sul tuo annuncio rispetto al numero di persone che lo hanno

visto (ad esempio, se una persona su cento fa clic su un annuncio, il CTR è dell'1%).

- Un **offerta** è quanto sei disposto a pagare per ogni clic. Le piattaforme pubblicitarie funzionano come case d'asta: dato che molte aziende competono per le stesse parole chiave, solo l'annuncio con l'offerta più alta ottiene il posizionamento.[16]

- La tua **CPC**, o costo per clic, è il costo degli annunci diviso per il numero di clic.

- **ROAS**, o ritorno sulla spesa pubblicitaria, equivale al valore di conversione totale (ad esempio, unità vendute o clienti generati) diviso per i costi totali. È simile in questo modo al ROI, anche se tieni presente che si basa sulle entrate divise per costi, non per profitto.

Con questi termini in mente, visita **ads.google.com** per iniziare a utilizzare gli annunci Google. Tieni presente che Google offre $ 500 in credito pubblicitario gratuito agli utenti alle prime armi che spendono $ 500 in annunci.

Dopo esserti registrato con il tuo indirizzo e-mail aziendale, segui alcuni brevi passaggi di configurazione. Arriverai alla pagina "ora è il momento di scrivere il tuo annuncio".

Quando scrivi un testo, concentrati sulla semplicità. Hai uno spazio limitato, quindi ripensa al tuo pubblico di destinazione e al tuo messaggio. Includi un invito all'azione e assicurati che i tuoi annunci siano in linea con ciò che gli spettatori sperimenteranno

---

[16] Si tratta di una semplificazione. Per ora attenetevi, ma tenete presente che la qualità conta, non solo il prezzo dell'offerta.

quando faranno clic sull'annuncio e progrediranno lungo la canalizzazione. Usa la prova sociale e, se intendi fare pubblicità a livello locale, chiarisci che servi un'area locale specifica.

Nella pagina successiva, scegli parole chiave specifiche e pertinenti che immagini qualcuno interessato al tuo prodotto o servizio cercherebbe. Quindi, specifica le località in cui desideri pubblicare il tuo annuncio. Se sei un'azienda con una sede fisica, diventa iper-locale. In caso contrario, scegli le aree che rappresentano maggiormente la fascia demografica a cui stai mirando.

Infine, scegli un budget ragionevole (inizia in piccolo, ma non abbastanza piccolo da rendere i risultati difficili da misurare). Dopo aver aggiunto le informazioni di pagamento, sei pronto per partire! Basta confermare che l'offerta di credito di $ 500 è applicata al tuo account (visualizzabile quando aggiungi le informazioni di pagamento).

Il Google L'algoritmo Adds incorpora un punteggio di qualità nelle offerte. Per questo motivo, i nuovi account e le nuove campagne potrebbero richiedere del tempo per essere avviati: capisci che è Google a capire la qualità del tuo annuncio, non è colpa tua.

Mentre continui a utilizzare gli annunci Google, considera le seguenti strategie e best practice:

- **Titoli e descrizioni dei test A/B.** Il gioco pubblicitario consiste nel testare il maggior numero possibile di annunci e parole chiave e nell'ordinarli per identificare i migliori performer. A tale scopo, esegui test A/B creando nuovi annunci che modificano solo una variabile degli annunci con il rendimento migliore. Ad esempio, se il tuo annuncio con il rendimento migliore è il target degli utenti in Canada con il termine di ricerca "acquista attrezzatura fotografica", prova a fare pubblicità con la stessa parola chiave nel Regno Unito. Dividere i test in questo modo nel tempo, così come la stratificazione su aree demografiche e di interesse (su altre piattaforme e Google), è la formula collaudata per il successo PPC a lungo termine.

- **Elimina le parole chiave e le posizioni a basso rendimento nel tempo.** Testando molte parole chiave e rimuovendo costantemente quelle con il rendimento più basso, otterrai gli annunci più redditizi e meno costosi.

- **Fai pubblicità sulle parole chiave dei concorrenti.** Se le persone cercano concorrenti che offrono prodotti o servizi simili ai tuoi, probabilmente saranno interessati anche ai tuoi prodotti e servizi. Quindi, aggiungi semplicemente i nomi dei tuoi concorrenti come parole chiave su cui verranno visualizzati i tuoi annunci. Quando utilizzi questa strategia, concentrati su ciò che ti differenzia dalla concorrenza nei titoli e nelle descrizioni.

Nota come queste strategie si svolgono in una promozione di libri che sto attualmente gestendo (sotto). L'annuncio funziona con un CTR basso dell'1% e un CPC di $ 0,05 altrettanto basso. Dato che circa il 3% dei clic si converte in una vendita e il profitto medio derivato da ogni vendita è di $ 3,5, l'annuncio genera un ROAS di profitto di 1,8 o $ 1,8 di profitto lordo per ogni dollaro speso in pubblicità.

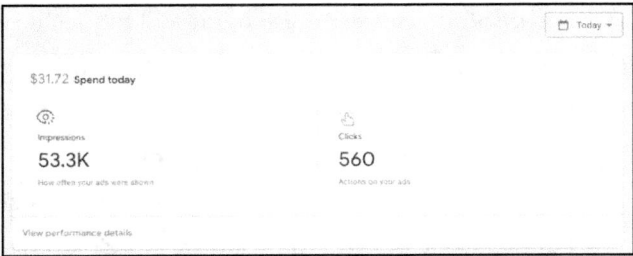

Oltre a queste strategie generali, ecco alcuni strumenti che possono aiutarti a identificare le parole chiave e ottimizzare gli annunci:

- **SEMrush**: potente ricerca e analisi di parole chiave.
- **SpyFu:** monitoraggio delle parole chiave e ricerca della concorrenza.
- **Rispondi al pubblico**: guarda cosa cercano le persone.
- **ClickCease**: previene le frodi sui clic e le farm di clic.
- **Dashword**: ottimizza il testo dell'annuncio.

Concluderò ribadendo che Google è di gran lunga la piattaforma pubblicitaria più grande al mondo, con miliardi di consumatori che fanno clic sui suoi annunci. Dagli tempo e comprendi che la redditività non dipende solo dalla fortuna quando si tratta di successo PPC, ma piuttosto dal lavoro che metti per ottimizzare le campagne.

Annunci YouTube

In qualità di sito di condivisione video leader a livello mondiale, YouTube registra oltre due miliardi di visitatori unici al mese. Rispetto agli annunci Google basati su testo, YouTube ti consente di arrivare di fronte a un pubblico in modo altamente visivo e, se fatto bene, coinvolgente.

Poiché Google possiede YouTube, gli annunci YouTube possono essere configurati sulla piattaforma Google Ads e YouTube ti consente di pubblicizzare video nei risultati di ricerca di Google.[17] Ci concentreremo sulla pubblicità video all'interno della piattaforma YouTube.

Gli annunci YouTube possono essere utilizzati per aumentare il coinvolgimento e aumentare la crescita degli iscritti su un canale YouTube o (come è più popolare) per indirizzare gli spettatori verso una canalizzazione per interagire con una determinata attività. Nella mia campagna qui sotto, nota il CPV a buon mercato, o costo per visualizzazione. In sostanza, per circa $ 100, questa campagna è stata in grado di 10 volte il conteggio medio delle visualizzazioni del canale all'epoca, mostrare l'annuncio a quasi 300.000 persone nelle vicinanze dell'attività dietro il canale e generare una significativa trazione degli abbonati.

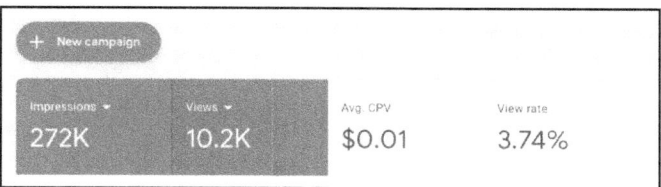

---

[17] Oltre a pubblicizzare annunci di solo testo all'interno di YouTube.

In alternativa, nota la campagna qui sotto, che è stata progettata per generare clic e indirizzare i clienti verso un sito web. Uno di questi modelli contrastanti, o una combinazione dei due, può essere utilizzato secondo i tuoi obiettivi di strategia digitale e sociale.

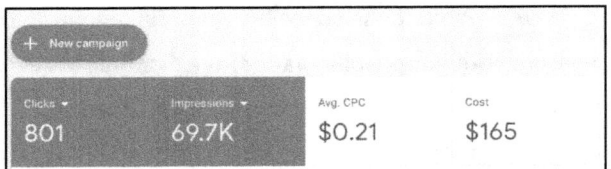

Ora, nota i diversi tipi di annunci YouTube, come segue:

Annunci video in-stream ignorabili: Questi annunci vengono riprodotti prima (pre-roll) o durante un video (mid-roll) e possono essere saltati dopo cinque secondi. Come nel modello PPC, paghi solo se uno spettatore fa clic sull'annuncio o guarda l'intero video (se di durata inferiore a trenta secondi) o i primi trenta secondi.

Annunci video in-stream non ignorabili: poiché la maggior parte degli spettatori di YouTube salta automaticamente gli annunci al segno di cinque secondi, YouTube offre annunci in-stream non ignorabili. Questi annunci, che possono durare fino a 15 secondi, non possono essere saltati dagli utenti e riprodotti né prima né durante un video. Tuttavia, YouTube addebita le impressioni per gli annunci non ignorabili, al contrario di per clic o per visualizzazione.

Pertanto, l'aumento del costo degli annunci non ignorabili deve essere valutato rispetto all'aumento del coinvolgimento.[18]

Annunci scoperta Accanto ai risultati di ricerca anziché prima o durante un video. A differenza degli spettatori che guardano direttamente il video, hanno la possibilità di fare clic su di esso e di essere indirizzati verso il video o il canale associato. Gli annunci Discovery consentono tre righe di testo oltre a un video e, per questo motivo, sono utili per le aziende con testi scattanti (in particolare script di copia che hanno funzionato bene su altre piattaforme pubblicitarie) e una minore attenzione all'approccio solo video.

Per impostare una campagna iniziale, accedi al tuo account Google Ads o registrati a ads.google.com (tieni presente che il credito di $ 500 sul tuo account Google ads può essere applicato anche agli annunci YouTube).

Fai clic su "nuova campagna". Scegli un obiettivo della campagna, proprio come faresti quando imposti un annuncio Google, e quando selezioni il tipo di campagna, assicurati di scegliere "video".[19] Potrebbe essere necessario impostare il monitoraggio delle conversioni, che è una semplice integrazione del sito web, a seconda dell'obiettivo scelto.

Quindi, seleziona il sottotipo di campagna (ovvero i tipi di annuncio descritti sopra). Ignora "outstream" e "sequenza di

---

[18] Ci sono anche annunci bumper, che sono una forma di annunci non ignorabili che durano solo 6 secondi. Data la lunghezza, gli annunci bumper sono i migliori per la copertura del brand e le campagne di sensibilizzazione, non per le campagne incentrate sul raggiungimento di un pubblico locale o sulla vendita di un prodotto.

[19] Puoi anche raggiungere direttamente la pagina di configurazione degli annunci video cercando su Google "annunci YouTube".

annunci" per ora. Scegli la lingua dell'annuncio, le località in cui desideri fare pubblicità, l'obiettivo della campagna (andare con la selezione automatica va bene e non è necessario impostare un costo target per azione come utente per la prima volta) e il tuo budget.

Ora puoi creare un pubblico personalizzato, che incorpora dati demografici, interessi e remarketing (ad esempio, utenti che hanno già interagito con i tuoi contenuti o il tuo sito web). Progetta il tuo pubblico personalizzato in base al pubblico di destinazione che hai definito per la tua attività nella sezione Strategia del marchio. Assicurati di non essere eccessivamente specifico, altrimenti la portata dell'annuncio sarà limitata. Per quanto riguarda i posizionamenti, se sei nuovo nella pubblicità online, getta un'ampia rete attraverso alcune dozzine di parole chiave, argomenti e posizionamenti che si adattano al tuo pubblico di destinazione. Google lo farà per te in base al contenuto del video con cui fai pubblicità, quindi puoi anche scegliere di lasciare i posizionamenti come "qualsiasi".

Potrebbe essere necessario aggiungere contenuti per un banner complementare: in tal caso, lascia che Google lo generi automaticamente per te. Infine, assicurati di scegliere un forte invito all'azione e un titolo da visualizzare sotto l'annuncio video.

Ora sei pronto per fare clic su "crea campagna". La pubblicazione dell'annuncio dovrebbe iniziare entro poche ore. Tieni a mente queste strategie e suggerimenti mentre continui a utilizzare gli annunci YouTube:

Assicurati che il **tuo account Google Ads sia collegato al tuo canale YouTube**. Per fare ciò, fai clic su "strumenti e impostazioni", "configurazione" e "account collegati".

Imposta gli annunci YouTube su non in elenco. Gli annunci YouTube devono essere caricati su YouTube. Se intendi utilizzare i video per gli annunci ma non vuoi che siano pubblici sul tuo canale principale, imposta la visibilità su "non in elenco" nelle impostazioni del video. Inoltre, scarica le app YouTube Studio e Google Ads per analisi in movimento.

In uno studio condotto da Unskippable Labs, **gli annunci YouTube ignorabili di 30 secondi sono risultati avere il più alto tasso di visualizzazione (VTR).** I primi cinque secondi circa sono i più importanti: focalizza un annuncio sulla proposta di valore, sul pitch, sullo slogan o sull'offerta realizzati in quel periodo di tempo iniziale.

Crea annunci specifici per la visualizzazione su dispositivi mobili o desktop. Gli annunci per la visualizzazione su dispositivi mobili devono contenere testo ed elementi grafici chiari e di grandi dimensioni. Desktop assegna più spazio per elementi creativi e funzionalità di design.

Sfrutta gli esperimenti sulle campagne. Gli esperimenti sulle campagne (simili ai test A / B su Facebook, come sta arrivando) consentono agli utenti di copiare gli annunci e modificare una o più variabili. In questo modo puoi verificare in che modo la modifica di determinate variabili, come parole chiave, pagine di destinazione o segmenti di pubblico, influisce sul rendimento degli annunci.

La qualità vince. Così come l'autenticità. Qualità e autenticità rappresentano due approcci contrastanti alla pubblicità, ad esempio una pubblicità al Superbowl con attori famosi, set complessi ed effetti visivi rispetto a una persona che registra sul proprio iPhone 6 nel proprio salotto. Entrambi i temi funzionano: prenditi del tempo per pensare a quale tipo di tema e stile pubblicitario generale si adatta al tuo marchio e comunica con il tuo pubblico nel miglior modo possibile. Portare aiuto esterno per creare annunci eccezionali è quasi sempre la mossa giusta.

Impara dai concorrenti e da te stesso. Se i concorrenti che offrono prodotti o servizi simili ai tuoi pubblicano annunci YouTube da un po 'di tempo, probabilmente hanno capito qualcosa. Utilizza i loro annunci come punto dati quando consideri come progettare i tuoi annunci e le tue campagne. Inoltre, se hai riscontrato successo su altre piattaforme pubblicitarie, incorpora queste conoscenze nel processo di creazione e ottimizzazione degli annunci YouTube. Le tue attività di marketing sommate (specialmente tra le piattaforme pubblicitarie digitali) sono meglio viste come una rete che impara esponenzialmente cosa funziona e cosa no nel tempo.

Ora abbiamo coperto gli annunci di YouTube: il prossimo è il colosso degli annunci social.

Collegamenti esterni Annunci

Mentre Google può essere la quintessenza del motore di ricerca (browser) piattaforma pubblicitaria, Facebook è la classica piattaforma pubblicitaria sui social media. Facebook ha quasi tre miliardi di utenti attivi mensilmente, mentre il tasso di conversione medio (CTR) degli annunci di Facebook è intorno al 9% e il 41% dei rivenditori intervistati ha dichiarato che il loro ROAS è stato il più alto su Facebook. Facebook è anche una potente piattaforma pubblicitaria in quanto fornisce una gamma di strumenti per consentire agli inserzionisti di indirizzare accuratamente le persone che cerca di raggiungere, ad esempio attraverso interessi, comportamenti, cronologia e così via. Mentre la targettività degli annunci di Facebook è diminuita negli ultimi tempi a causa di problemi di privacy, presenta ancora strumenti di targeting molto potenti rispetto alla maggior parte delle principali piattaforme pubblicitarie.

Gli annunci di Facebook sono integrati con Instagram (poiché Meta, precedentemente Facebook, possiede sia Facebook che Instagram) nella misura in cui gli annunci creati tramite Facebook possono essere pubblicati contemporaneamente su Instagram.

Infine, Facebook ha un "Meta pixel" (precedentemente pixel di Facebook) che è un pezzo di codice aggiunto al tuo sito web. Ciò ti consente di monitorare efficacemente le azioni che i clienti eseguono tramite le inserzioni di Facebook per monitorare meglio le conversioni e metriche di fondo. Il pixel di Facebook ti consente anche di reindirizzare i clienti in un secondo momento, poiché tiene traccia delle loro azioni una volta che visitano il tuo sito Web e aggrega tali dati per ottimizzare automaticamente gli annunci. I pixel possono anche essere configurati sul tuo sito web anche prima di iniziare a utilizzare gli annunci di Facebook.

Per fare ciò, vai su "gestore eventi" sotto "tutti gli strumenti" in business.facebook.com. Fai clic su "collega origini dati", "web", quindi seleziona "Meta Pixel". Fai clic su Connetti, quindi assegnagli un nome e inserisci l'URL del tuo sito web. Sarai in grado di connetterti automaticamente a WordPress. Se hai scelto di utilizzare qualsiasi altro provider di siti Web diverso da WordPress, cerca un tutorial su come installare manualmente il pixel in quel sistema.

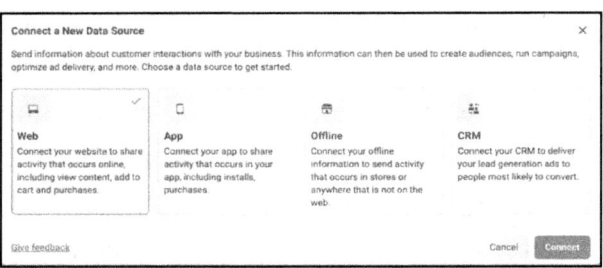

Una volta integrato il pixel, puoi impostare gli eventi. Gli eventi sono azioni che le persone eseguono sul tuo sito web, come l'acquisto di un prodotto, l'iscrizione a una mailing list o la prenotazione di una riunione. Sebbene sia possibile impostare gli eventi manualmente, è più semplice farlo tramite lo strumento di configurazione degli eventi, che può essere trovato in Meta Events Manager.

Con il pixel installato correttamente e gli eventi creati, esploriamo la piattaforma pubblicitaria di Facebook e la configurazione della campagna.

Verifica di aver effettuato l'accesso al tuo account Facebook Business. Quindi, visita facebook.com/adsmanager/manage/campaigns, che ti porta direttamente al gestore degli annunci. Assicurati di scaricare l'app Meta Ads Manager per l'analisi dei dispositivi mobili.

Quindi, fai clic sul pulsante "crea" sotto campaigns e scegli un obiettivo della campagna. La maggior parte delle piccole imprese opta per vendite, lead o consapevolezza. Una volta scelto, verrai reindirizzato alla nuova pagina della campagna. Le inserzioni di Facebook operano sui seguenti tre livelli:

Campagne Definisci gli obiettivi di primo livello della tua pubblicità, come l'obiettivo, e semplifica il raggruppamento di diverse campagne in base allo scopo assegnato.

Gruppi di inserzioni sono un livello inferiore alle campagne e definiscono un determinato pubblico a cui vengono mostrati gli annunci pubblicitari. Qui potrai anche impostare budget, pianificazione e offerte.

Infine, un **ad** è ciò che vedono i clienti. A livello di annuncio, aggiungerai testo, elementi visivi e un pulsante di invito all'azione.

Pertanto, ogni gruppo di inserzioni può avere più inserzioni e ogni campagna può avere più gruppi di inserzioni. Durante la configurazione, ti verrà richiesto di creare una campagna, un insieme di inserzioni e un'inserzione.

Torna alla schermata di configurazione della campagna, scegli un nome, disattiva "Test A/B" (poiché è più semplice farlo nella barra degli strumenti di Gestione inserzioni), attiva "Budget campagna vantaggioso" e premi Avanti.

Ora, nella pagina di creazione del gruppo di inserzioni, puoi definire il pubblico che desideri raggiungere. Collega il pixel, attiva la "creatività dinamica" e imposta un budget. È meglio dividere il budget tra molti annunci (per incanalare infine gli annunci con il rendimento migliore) invece di spenderli tutti su un singolo annuncio.

Quindi, scegli il tuo pubblico. I segmenti di pubblico possono essere personalizzati in base a posizione, età, sesso, connessioni, dati demografici, interessi, lingue e comportamenti. Ancora una volta, gli annunci riguardano davvero la sperimentazione, quindi dovresti mirare a testare una varietà di segmenti di pubblico nel tempo. Per ora, personalizza il pubblico in base al normale tipo di cliente che servi. Non sentire la necessità di utilizzare tutte le opzioni di targeting: se la tua base di clienti non è prevenuta verso un determinato genere, ad esempio, lasciala semplicemente come "tutti i generi". Mentre di solito è meglio mantenere la selezione del pubblico specifica per cominciare, assicurati che il pubblico scelto non sia troppo piccolo. In caso contrario, non sarai in grado di generare abbastanza impressioni né conversioni significative. Mantieni attivo il "targeting dettagliato vantaggioso" e assicurati di salvare il pubblico per un ulteriore utilizzo e test A / B. Lascia vuoto "costo per obiettivo di risultato" per ora.[20]

Ora puoi passare alla pagina di configurazione dell'annuncio. Assicurati che gli account Facebook e Instagram collegati siano corretti. Quindi, scegli il formato e nota che "carosello" è il migliore per visualizzare più immagini o video che descrivono in dettaglio le tue offerte o attività.

---

[20] Poiché il costo per risultato varia ampiamente, è meglio impostare un obiettivo solo dopo aver stabilito una linea di base.

Gli annunci PPC multimediali personalizzati sono i migliori: come con gli annunci di YouTube, le persone notano grafica, foto e video di qualità. Ancora più importante, quasi tutti scorreranno immediatamente oltre quelli cattivi. Concentrati sulla semplicità e sulle immagini accattivanti. Come sempre, assicurati di incorporare elementi della tua strategia di marca.

Quando progetti il tuo annuncio e scrivi un testo, pensa alla proposta di valore dell'annuncio: hai bisogno di qualcosa di così appiccicoso o allettante che le persone sono sicure di indagare. Questo potrebbe essere un grande sconto, un prodotto unico, un servizio locale o un messaggio straziante. Qualunque cosa sia, assicurati che sia chiara nel titolo, nel testo principale e nella grafica. Le specifiche degli annunci sono le seguenti:

- **Annunci illustrati**: Dimensioni: 1.200x628 pixel. Rapporto: 1,91:1.
- **Annunci video:** Dimensioni del file: 2,3 GB max. Dimensioni miniature: 1.200 x 675 pixel.
- **Annunci carosello**: Dimensioni immagine: 1.080 x 1.080 pixel.
- **Inserzioni in slideshow**: Dimensioni: 1.289 x 720 pixel. Rapporto: 2:3, 16:9 o 1:1.

Assicurati di compilare le cinque possibili opzioni per il titolo e il testo della descrizione (di nuovo, lavora a ritroso per identificare i migliori performer da un forte set di partenza). Non andare con le parole chiave pesanti o tentare di sembrare eccessivamente clickbaity: comunica solo il tuo valore.

Infine, scegli un pulsante di invito all'azione pertinente. Al termine, hai creato con successo una campagna, un gruppo di inserzioni e un'inserzione. Non resta che fare clic su Pubblica.

Segui la stessa strategia descritta nella sezione Annunci Google: suddividere il budget tra diversi annunci e gruppi di annunci, rimuovere i risultati più bassi, testare i risultati A/B migliori e continuare questo processo nel tempo (o nella misura in cui meglio soddisfa la tua attività). Per finire, ecco alcuni suggerimenti rapidi da considerare:

- Crea inserzioni Canvas di Facebook: sebbene siano impegnate a creare uno sforzo maggiore, hanno dimostrato di aumentare il coinvolgimento.
- Aumenta la visibilità dei post attraverso l'obiettivo "engagement".
- Sfrutta lo strumento "pubblico simile".
- Scegli di inserire annunci solo su computer desktop o dispositivi mobili (che si adatta meglio alla tua canalizzazione).

Questo conclude gli annunci di Facebook. Si noti che i cambiamenti sulla privacy stanno costringendo Facebook ad aggiornare spesso i suoi meccanismi di tracciamento. Questo libro verrà aggiornato ogni anno per riflettere le condizioni attuali nel modo più accurato possibile, ma comprendere che il processo di configurazione potrebbe differire nel tempo.

Annunci Instagram

Le inserzioni di Facebook vengono visualizzate automaticamente su Instagram. Questa sezione riguarda la funzione "post promossi" su Instagram, che consente agli utenti di promuovere i post di Instagram come se fossero annunci. Gli annunci di Instagram sono un ottimo modo per aumentare l'esposizione e ottenere rapidamente un seguito su Instagram.

Per promuovere i post, firma in un account Instagram aziendale (professionale). Vai su "Strumenti pubblicitari" e tocca "scegli un post". Scegli il post che vuoi promuovere: se non hai ancora collegato il tuo account Instagram alla pagina Facebook della tua azienda, ora è il momento.

Quindi, imposta l'obiettivo dell'inserzione, personalizza il pubblico che desideri raggiungere e scegli il budget. La pubblicazione dell'annuncio inizierà a breve:Rimani aggiornato su Analytics tramite il pulsante Analytics su ogni post o il pulsante "Strumenti pubblicitari".

Se hai un negozio Instagram collegato alla tua pagina, puoi taggare i tuoi prodotti in un post e quindi mettere in evidenza quel post per includerli in un annuncio.

Mentre gli annunci di Instagram sono non hanno la stessa probabilità di fornire risultati asimmetrici rispetto a piattaforme come Google o Facebook, sono notevolmente stabili e coerenti nei risultati che forniscono e, come detto, un ottimo modo per aumentare l'esposizione e far crescere un seguito.

Considerare L'analisi da una mia promozione post su piccola scala. $ 200 in spesa pubblicitaria hanno generato circa 1.400 Mi piace, 70 condivisioni e 5.881 visite al profilo, che si sono convertite in diverse centinaia di nuovi follower. Su un account relativamente piccolo, questo è stato un grande impulso alla crescita della pagina e all'esposizione del post.

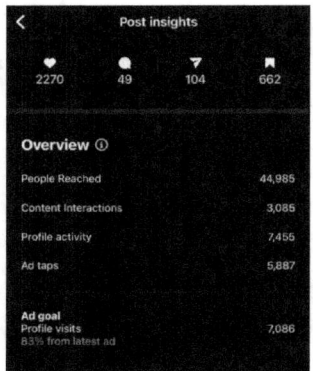

Sfortunatamente, Instagram attualmente non offre premi agli utenti di annunci Instagram per la prima volta. Se desideri un credito per creare un'inserzione tramite Facebook che potrebbe essere condivisa su Instagram (senza il vantaggio di coinvolgere ed esporre un post), consulta la sezione annunci di Facebook.

Ora abbiamo coperto le principali piattaforme pubblicitarie: Facebook, Instagram, Google e YouTube. Esploreremo ora un secondo livello di piattaforme pubblicitarie: Nextdoor, TikTok, Pinterest, Snapchat e Amazon.

Nextdoor Annunci

Questa sezione è stata scritta con l'intuizione di Blake Martin, che ha utilizzato Nextdoor Ads per far crescere la sua attività di pittura di marciapiedi a un profitto a sei cifre come liceale.

Nextdoor è un potente strumento di networking e lead generation per le aziende che servono una clientela locale. Con 70 milioni di utenti, Nextdoor sfrutta la community per aiutare le aziende a crescere: infatti, l'88% delle persone fa acquisti in un'azienda locale almeno una volta alla settimana e

Il 44% afferma di essere disposto a spendere di più nelle imprese locali. Quindi, sfruttare Nextdoor come megafono per raggiungere la tua comunità locale attraverso pubblicità e contenuti organici è un imperativo assoluto per le aziende con sedi fisiche o al servizio di una comunità locale.

Esamineremo diverse tecniche di sensibilizzazione che hanno dimostrato di avere un effetto benefico su molte piccole imprese. Tutte le aziende dovrebbero impostare la propria pagina aziendale e condividere un post iniziale che presenta la propria attività sulla piattaforma Nextdoor; Se la tua attività offre articoli a basso costo e beneficia maggiormente di una base di clienti locali ricorrenti, pubblicare regolarmente contenuti organici è una strategia privilegiata (relativa alla pubblicità, che esploreremo più avanti).

All'interno del post iniziale, segui il formato vendi *te stesso* o il metodo *vendi il tuo cliente*. Il metodo di *vendita di te stesso* è classico, ma comunque efficace. Inizia presentando la tua attività alla community in modo gradevole (incorpora la tua storia il più possibile) e poi indica cosa ti differenzia come azienda rispetto agli altri all'interno della tua comunità (includi immagini pertinenti). Come primo esempio di riga:

"Ciao, mi chiamo Daegan. Sono un parrucchiere a San Francisco specializzato nella risoluzione della caduta dei capelli. "

Nextdoor ha un pubblico più anziano rispetto alla tipica app di social media, quindi Daegan si è distinta fornendo una soluzione a un problema che si trova comunemente tra i dati demografici più anziani. Replicare questo all'interno della tua presentazione Nextdoor dipende da dove vivi: basta analizzare le fasce d'età e i dati demografici nella tua comunità.

All'interno del post, includi anche i prezzi per il tuo prodotto / servizio e chiudi con le informazioni di contatto e la posizione del negozio (se pertinente), nonché sconti o premi. Puoi pensare a questa iniziale

Nextdoor post come parte del tuo funnel: l'obiettivo è far sì che le persone interagiscano con il post e seguano la call to action.

Il secondo formato di post, chiamato metodo di *vendita del cliente*, consiste nel far sì che il cliente consideri i vantaggi che sperimenterebbe dai tuoi prodotti o servizi. Ad esempio, invece di Daegan che descrive semplicemente la sua attività, potrebbe pubblicare una foto prima e dopo il suo trattamento per la perdita dei capelli. Descrivendo un cliente abituale e come risolve i suoi problemi, le persone che si adattano al profilo del cliente target reagiranno fortemente, in sostanza, faranno pensare allo spettatore a ciò che il tuo prodotto / servizio potrebbe fare per loro attraverso segnali visivi, testimonianze e linguaggio allettante.

Soprattutto, assicurati che i tuoi post raccontino una storia. Su Nextdoor, non vuoi sembrare una pubblicità generica, ma allo stesso tempo, non far sembrare la tua attività un hobby. Piuttosto, racconta una storia riconoscibile, professionale e coinvolgente che termina con un invito all'azione. Assicurati di interagire una volta condiviso il post: rispondere ai commenti fa molto per rafforzare le connessioni.

In sintesi, rimarrai sorpreso dall'impatto che un forte post Nextdoor può avere sulla tua attività. App come Nextdoor tendono a esemplificare l'effetto valanga: se il tuo post esplode, tutti all'interno di una comunità si sentiranno obbligati a provare la tua attività, guidati dalla FOMO e dal desiderio di sostenere gli imprenditori locali.

Oltre ai contenuti organici, la pubblicità tramite Nextdoor è un potente strumento ideale per le aziende che vendono articoli o servizi ad alto costo. Tieni presente che gli annunci Nextdoor non vengono pubblicati su un modello PPC, ma paghi in anticipo e gli annunci si mescolano con contenuti organici nella scheda "home" di Nextdoor. Poiché Nextdoor mostra agli utenti relativamente pochi annunci rispetto alla maggior parte delle altre piattaforme social, le conversioni sono generalmente migliori anche se il monitoraggio e l'analisi sono peggiori.

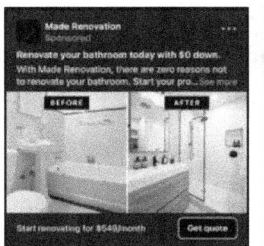 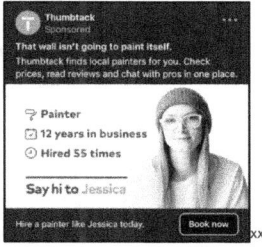
xxxvii

Per iniziare, visita business.nextdoor.com. Fai clic su "richiedi la tua pagina aziendale gratuita" e assicurati di aver effettuato l'accesso con il tuo account Nextdoor personale. Inserisci il nome, l'indirizzo e le categorie (scegli multiple!) dell'attività. Facendo clic su "crea pagina" verrai indirizzato a una pagina di creazione dell'annuncio. Scegli un obiettivo per la tua campagna: "ottieni più messaggi diretti" è la cosa migliore per le aziende che vendono articoli ad alto costo o costruiti attorno ai lead, "aumenta le visite al sito web" è la cosa migliore per un'azienda che vende una gamma di prodotti online e "promuovi una vendita o uno sconto" è meglio, come si potrebbe immaginare, quando hai una forte vendita o un incentivo da promuovere. A seconda dell'obiettivo della campagna scelto, completa il passaggio seguente:

Ricevi più messaggi diretti. Scrivi alcuni prompt personalizzati dettagliando le domande frequenti e le domande che i potenziali clienti potrebbero porre. Compila non meno di tre e non più di sette.

Promuovi una vendita o uno sconto e aumenta le visite al sito web. Per i contenuti degli annunci, concentrati sulla relazionabilità e sull'unicità. Identifica i punti di vendita e gli slogan più venduti dalla sezione sull'identità del marchio (per il titolo) e utilizza sondaggi, statistiche e testimonianze come prova sociale (per l'immagine). Assicurati che il link click-through indirizzi a una pagina di destinazione ottimizzata e che il pulsante di invito all'azione si adatti alla pagina di destinazione.

Quindi, considera l'area in cui stai cercando di commercializzare i tuoi annunci. Per fare ciò, analizza dove vivono i tuoi attuali clienti, come ti trovano e fino a che punto sarebbero disposti a guidare per il tuo prodotto o servizio. Avviare uber locale ed espandersi nel tempo è di solito la strada da percorrere.

Infine, imposta il budget e fai clic su pubblica. Poiché gli annunci Nextdoor non si basano su un modello PPC, l'aggiornamento e l'ottimizzazione delle campagne pubblicitarie nel tempo è in gran parte una questione di pubblicazione di molti annunci a basso costo ($ 3- $ 10 al giorno) e la transizione della spesa pubblicitaria nel tempo verso i migliori performer.

Nextdoor ha davvero fatto miracoli per la mia attività, e sono fermamente convinto che possa fare lo stesso per molte aziende che si affidano alla loro comunità locale per crescere e prosperare. Forse il tuo vicino sarà il tuo miglior cliente dopo tutto!

Annunci TikTok

TikTok ha recentemente preso d'assalto il mondo della pubblicità e molti venditori online ne parlano come di una corsa all'oro. Gli annunci TikTok funzionano meglio per le aziende che cercano di rivolgersi a un pubblico di età inferiore ai 30 anni con prodotti o servizi offerti online (ad esempio, non cercare di fare pubblicità localmente su TikTok). Gli annunci TikTok vengono distribuiti su altre app della rete TikTok, in particolare Pangle e BuzzVideo.

Tutti gli annunci TikTok sono in forma breve e orientati verticalmente; Estremamente breve funziona meglio, quindi sotto il segno di 15 secondi (anche se ancora più breve è spesso meglio). Visivamente accattivante, così come la messaggistica incisiva, è un must.

Quando imposti la tua prima campagna, ti verrà richiesto in "crea nuovo" di scegliere i posizionamenti degli annunci: puoi optare per il posizionamento automatico, dove TikTok sceglie per te, o andare manuale e selezionare dove vuoi che i tuoi annunci vengano pubblicati. Inizialmente è meglio scegliere il posizionamento automatico o testare un'ampia varietà di posizionamenti manuali con un budget limitato. Puoi quindi creare un pubblico personalizzato proprio come faresti su Facebook (tieni presente che i "gruppi di annunci" di TikTok sono equivalenti ai "gruppi di annunci" di Facebook). Nota che TikTok ha un pixel simile a quello del pixel di Facebook.

Come nota finale, non consiglierei di spingere i video di TikTok come annunci semplicemente per aumentare l'esposizione e far crescere un seguito. TikTok non è difficile da coltivare attraverso contenuti organici rispetto a quasi tutte le altre piattaforme social e raggiungere ovunque vicino al pareggio attraverso annunci progettati per aumentare l'esposizione non è plausibile. Ho lavorato con una società che aveva investito migliaia di dollari in annunci TikTok per quello scopo esatto: il loro account, nonostante fosse verificato e avesse un grande team social, si è scontrato e ha accumulato solo poche centinaia di migliaia di Mi piace, il che si è tradotto in un seguito inferiore a 10k e una perdita quasi completa in termini di ROAS.

Invece, leva finanziaria annunci TikTok in-feed per incoraggiare gli utenti a visitare una pagina di destinazione. Inizia a getstarted.TikTok.com.

Pinterest Annunci

Pinterest Gli annunci sono i migliori per le aziende con contenuti e offerte altamente visivi e spesso con un tema centrale del design. La maggior parte degli annunci di Pinterest sono "pin promossi" che appaiono nei feed insieme ai pin normali. I caroselli sponsorizzati sono un'alternativa coinvolgente ai pin sponsorizzati. Pinterest ha un equivalente di un pixel di Facebook, chiamato tag Pinterest, quindi assicurati di installarlo all'interno del tuo sito web prima di lanciare campagne pubblicitarie. Quindi, inizia da business.pinterest.com e assicurati di seguire le pratiche di ottimizzazione descritte finora.

Annunci Snapchat

Snapchat Gli annunci sono ideali per le aziende che vendono i loro prodotti o servizi online e cercano di rivolgersi a dati demografici più giovani. La maggior parte degli annunci Snapchat sono video in forma breve mostrati in-app che incoraggiano gli utenti a scorrere verso l'alto e visitare un link fornito dall'inserzionista. Questi annunci durano solo 3-10 secondi, quindi devono contenere un pugno significativo nel breve tempo assegnato. Se gli annunci Snapchat si adattano alla tua attività, pensa bene a come elaborare i tuoi messaggi in un formato video di breve durata. Inizia a ads.snapchat.com.

Amazon Annunci

Amazzone gli annunci possono essere utilizzati solo dai venditori per pubblicizzare i prodotti che hanno già elencato su Amazon. Se hai prodotti elencati su Amazon, prendi in considerazione l'idea di incorporare gli annunci Amazon nella tua strategia digitale per aumentare le classifiche dei prodotti e generare recensioni, in particolare sui prodotti appena lanciati. Amazon offre diversi tipi di annunci contrastanti: prodotti sponsorizzati, marchi sponsorizzati e annunci video (gli annunci video, in particolare, non richiedono di pubblicizzare un prodotto venduto su Amazon). Ti consiglio di sfruttare solo gli annunci sponsorizzati di prodotti e marchi se vendi prodotti su Amazon, altrimenti attieniti alla pubblicità di Google, Facebook e YouTube per prodotti e servizi non venduti tramite Amazon. In tal modo, si noti che Amazon utilizza un modello PPC simile alle piattaforme esaminate finora. Basta seguire queste best practice e visitare advertising.amazon.com per iniziare.

Ecco come appare un giorno di una campagna pubblicitaria Amazon ottimizzata (vendendo un prodotto da $ 9 circa):

Spend ⊕	×	Sales ⊕	×	Impressions ⊕	×	Clicks ⊕	×	ACOS ⊕	×
$31.14 TOTAL		$101.50 TOTAL		34,582 TOTAL		63 TOTAL		30.68% AVERAGE	

Ecco la stessa campagna quando ha iniziato a essere pubblicata:

Spend ⊕	×	Sales ⊕	×	Impressions ⊕	×	Clicks ⊕	×	ACOS ⊕	×
$33.38 TOTAL		$17.98 TOTAL		47,731 TOTAL		52 TOTAL		185.65% AVERAGE	

LinkedIn Annunci

Accedi gli annunci sono i migliori per le aziende B2B (aziende che vendono prodotti o servizi ad altre aziende) e per quelle che vendono prodotti o servizi professionali.

Per iniziare con gli annunci di LinkedIn, fai clic su "pubblicizza" nella casella tratteggiata in alto a destra della home page. Configura un account gestore campagne e fai clic su "crea" e "campagna".[21] Assicurati di impostare il tag LinkedIn Insight (equivalente al pixel di Facebook) nel tempo.

Segui una procedura di configurazione simile alle piattaforme pubblicitarie descritte in precedenza. Per coloro che sono interessati ad aumentare il coinvolgimento di LinkedIn, scegli 'visualizzazioni video" o "coinvolgimento" come obiettivi della campagna. Per creare una canalizzazione progettata per vendere un prodotto o un servizio, scegli "conversioni sul sito web" o "conversioni lead". Scegli un formato di annuncio in base al tipo di contenuto che hai trovato o che ritieni più efficace per la tua attività. Potrebbe trattarsi di video, immagini o messaggi puramente testuali. Al termine, fai clic su "Avanti" e inserisci il contenuto dell'annuncio. Quindi, avvia e sei pronto per partire. Considera questi suggerimenti mentre continui a pubblicare annunci LinkedIn:

- Quando lavori con budget ridotti, testa una moltitudine di segmenti di pubblico personalizzati specifici per uber (con un pubblico di destinazione di almeno 50.000) con targeting che ritieni funzionerà meglio o ha funzionato bene su altre piattaforme.

- Sfrutta il grafico del rendimento e la scheda Dati demografici per modificare gli annunci nel tempo.

- Imposta un pubblico abbinato e simile per reindirizzare i visitatori del sito web. Trova le opzioni di pubblico corrispondenti nella schermata di targeting in Gestione

---

[21] Si noti che i gruppi di campagne di LinkedIn sono semplicemente un livello di bucketing sopra le campagne ed esistono esclusivamente per scopi organizzativi.

campagne e trova le opzioni di pubblico simile in "Pianifica" "Pubblico" e "Crea pubblico".

In sintesi, LinkedIn è una piattaforma magistrale per raggiungere un pubblico professionale: usala bene.

Annunci di siti di nicchia

Finora, abbiamo coperto la maggior parte delle più grandi reti pubblicitarie del mondo. Rimangono tutti i giocatori di nicchia nel gioco pubblicitario, vale a dire quelli che offrono annunci su piattaforme incentrate su un singolo interesse o demografico.

Ad esempio, la mia agenzia editoriale pubblica regolarmente annunci su Goodreads, che è una piattaforma social specifica per i lettori.

Per trovare opportunità pubblicitarie di nicchia, considera i siti Web e le app frequentati dal tuo pubblico di destinazione. Visitali e vedi se offrono posizionamenti pubblicitari. Sappi solo che molte piattaforme più piccole hanno dei minimi: Goodreads, ad esempio, richiede un minimo di $ 5.000 in spesa pubblicitaria ($ 3.200 se si lavora attraverso un'agenzia partner). Se i termini non sono chiari, non esitare a contattare i team di supporto o di amministrazione.

Pubblicità alternativa

La pubblicità PPC non riflette l'intera gamma di pubblicità digitali né le opportunità di marketing disponibili. Esploreremo le due strategie alternative più utilizzate dalle piccole imprese: influencer marketing e affiliate marketing.

Marketing di influenza

Finora è stato reso abbondantemente chiaro che la creazione di contenuti è un'opportunità redditizia per le aziende di raggiungere più persone e trasformare quegli spettatori in clienti.

L'influencer marketing produce un vantaggio simile al pubblico-costruire ma aggira la difficoltà inerente alla creazione e alla condivisione di contenuti: vale a dire. Implica che le aziende paghino denaro o offrano prodotti gratuiti agli influencer dei social media in cambio di pubblicità al pubblico dell'influencer.

Ad esempio, un marchio di bellezza può pagare un influencer di bellezza con 500k abbonati su YouTube $ 3.000 per parlare dei prodotti del marchio di bellezza per trenta secondi all'interno di un video. In alternativa, l'influencer può anche ricevere $ 3.000 di prodotto gratuito in cambio della pubblicità o dichiararsi "sponsorizzata" dal marchio di bellezza e quindi mantenere una relazione a lungo termine mentre il marchio paga l'influencer per utilizzare e pubblicizzare i loro prodotti o servizi a lungo termine e per tutta la loro presenza sociale e il corpo dei contenuti.

Come qualcuno che è stato sia l'influencer che il business nella relazione di influencer marketing, posso parlare della natura win-win dell'influencer marketing e del fatto che è una strategia praticabile. praticamente per tutte le aziende, poiché gli influencer rappresentano tutte le nicchie e le dimensioni immaginabili. Per identificare gli influencer che il tuo marchio può utilizzare, esplora queste piattaforme:

- Influenza
- Fluenza

- Creator.co

In alternativa, cerca la tua nicchia o settore su una determinata piattaforma social e controlla i migliori influencer. Cerca di lavorare con influencer che hanno un pubblico che riflette i tuoi dati demografici target, alti tassi di coinvolgimento, basso numero di pubblicità e valori adatti al tuo marchio.

Quando si raggiungono gli influencer, i messaggi personalizzati sono i migliori. Confronta due email che ho ricevuto:

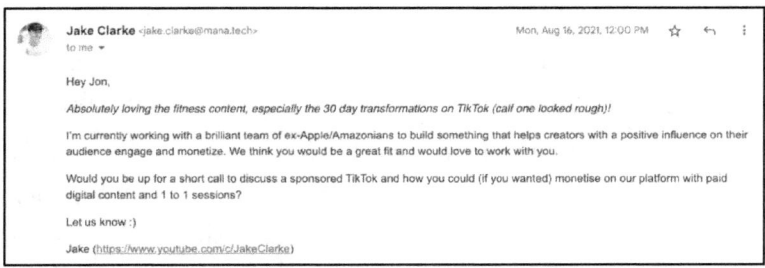

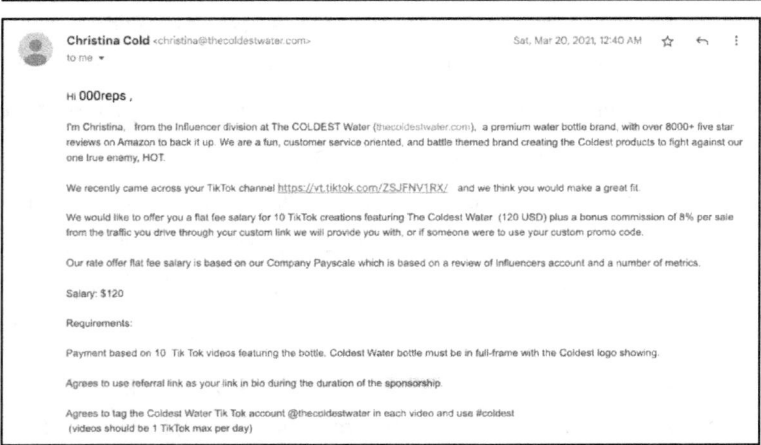

L'e-mail principale mostrava che lo scrittore aveva almeno visualizzato alcuni dei miei contenuti prima di contattarmi. Il pitch era conciso e l'invito all'azione era personalizzato e chiaro. Questo è tutto ciò che dovresti fare quando contatti gli influencer. La seconda e-mail è tutto ciò che il tuo raggio d'azione non dovrebbe avere: una prima riga ovviamente automatizzata e scritta in modo errato, una formattazione del testo dolorosamente allungata, un nome falso e un'immagine del profilo vuota e uno slogan debole ("il nostro unico vero nemico, HOT" non è proprio la mossa, scusate ragazzi).

Quindi, mentre potrebbe essere necessario un po 'di tempo in più per personalizzare correttamente la sensibilizzazione degli influencer, ne vale la pena nel risposta che incorre. La sensibilizzazione via e-mail è di solito la cosa migliore: se un influencer non ne ha uno elencato, raggiungere tramite messaggio diretto va bene.

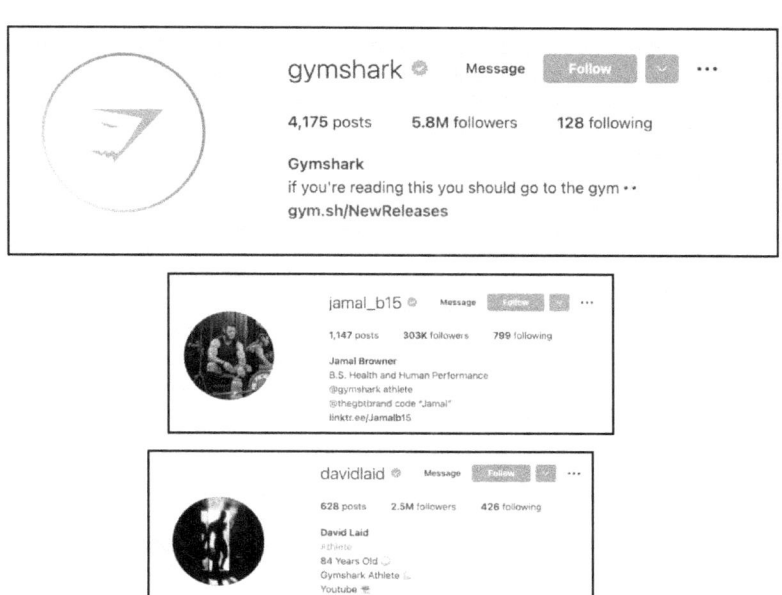

xxxviii

Gymshark è un marchio che utilizza potentemente l'influencer marketing. In effetti, essere sponsorizzati da gymshark è visto come uno status symbol finale nella comunità del bodybuilding e del fitness: gli influencer competono per l'attenzione di Gymshark nella speranza di ricevere una sponsership. Questo è l'influencer marketing al suo meglio, e Gymshark è diventato un marchio da miliardi di dollari come risultato.

Una volta che hai raggiunto gli influencer che pensi possano funzionare bene con il tuo marchio per l'influencer marketing, tutto ciò che è A sinistra è per verificare che l'influencer segua la loro parte del bargin. Cerca di misurare i risultati e continua a lavorare con un influencer solo se dimostra di produrre più clienti e profitti per la tua azienda di quanto costino. Se si comportano insolitamente bene, offri loro una sponsership a lungo termine.

Infine, nota che l'influencer marketing fa molto per aiutare la tua azienda a crescereDience sui social media: una menzione da parte di un influencer con cui stai lavorando può facilmente 10 volte un piccolo profilo di marca.

Quindi, tieni a mente l'influencer marketing come uno strumento immensamente prezioso per Ottieni i vantaggi di un pubblico social senza doverlo costruire da solo, nonché un percorso per accelerare la crescita sociale della tua attività.

Marketing di affiliazione

Come seconda forma di pubblicità digitale alternativa, il marketing di affiliazione è il processo attraverso il quale un "affiliato" o una terza parte guadagna una commissione per la vendita dei tuoi prodotti o servizi per te. Il marketing di affiliazione è più diffuso all'interno della comunità degli influencer, dal momento che i creatori possono facilmente capitalizzare sul loro vasto pubblico attraverso le commissioni di affiliazione. Le aziende, d'altra parte, amano il marketing di affiliazione in quanto incentiva altre persone a fare il duro lavoro di vendere i loro prodotti e servizi per loro.

Per la tua azienda, imposta un programma di marketing di affiliazione semplicemente designando codici univoci per gli affiliati (in realtà, per qualsiasi utente, poiché non vi è alcun aspetto negativo nell'offrire un codice a ciascun titolare di account), che possono ricevere automaticamente commissioni sul proprio account quando i clienti effettuano il check-out utilizzando il loro codice. Questo è facilmente giù attraverso il plugin AffiliateWP in Wordpress (funzionano anche Pretty Links e Easily Affiliate). Alcune aziende, in particolare quelle con prodotti di informazioni digitali, possono trarre vantaggio dalla quotazione su clickbank.com, che è un mercato per aziende e affiliati di marketing.

Nota queste società, che hanno creato programmi di affiliazione immensamente redditizi:

TradingView Partner Program

Earn money with the cutting-edge financial platform

Lifetime Profit

Receive a 30% commission for all payments that your referrals make

A 90-Day Cookie

Referrals that sign up within 90 days will be assigned to you forever

Referral benefit

Your referral will get up to $30 to put towards their new plan

Start Earning

You've outdone yourself.

Calling all publishers, creators, and bloggers. Join our affiliate program to monetize your content and connect with the broader Robinhood community.

Apply now

US | Affiliate

Binance.US Affiliate Program

Earn rewards when you introduce your community to crypto. Get up to $1,000 for every referral. See program terms below.

Become an Affiliate

xxxix

In sintesi, sia il marketing di affiliazione che l'influencer marketing sono preziose strategie digitali per tutti i tipi di attività. Ognuno sfrutta il potere di altre persone, che si tratti di influencer famosi o studenti universitari che condividono collegamenti tra loro, per far crescere la tua attività per te.

Torna a Strategia

Ribadirò l'importanza un'ultima volta di incorporare metriche e un approccio basato sui dati nella pubblicità digitale e sociale.

Nel corso degli ultimi otto capitoli, abbiamo esaminato una varietà di strumenti indispensabili per il mondo del business digitale: strategia sociale, presenza sociale, creazione di contenuti, pubblicità PPC, influencer marketing e così via. Un filo conduttore è la ricerca verso l'ottimizzazione: nessun imbuto, campagna pubblicitaria, né pipeline di contenuti funzionerà al massimo del suo potenziale fin dal primo giorno e il successo online per le piccole imprese è in gran parte un riflesso del grado in cui i dati vengono misurati, analizzati e utilizzati come motore per ulteriori attività. Mantieni questo principio al centro della tua opera digitalein avanti.

Con la stessa regola, lascia che siano i dati a governare le decisioni, non questo libro. Abbiamo fatto del nostro meglio per fornire un quadro completo per le aziende che desiderano entrare negli spazi sociali e digitali. Ciò non significa che tutte le aziende possano beneficiare nella stessa misura di una determinata strategia o strumento digitale. Piuttosto, ogni azienda è unica e i consigli qui presentati sono meglio visti come un processo, una metodologia e una base di conoscenze sottostanti da cui operare.

Il libro può solo finire dove è iniziato: dopo un'introduzione a un mondo sempre più definito dall'interazione online e un ambiente aziendale che sta facendo probabilmente il suo più grande cambiamento nella storia verso un sistema massicciamente globalizzato e digitalizzato.

Questo futuro non deve essere spaventoso: ora sei dotato degli strumenti per abbracciarlo e usarlo per promuovere il tuo messaggio, i tuoi prodotti e servizi.

Come affermato nel secondo capitolo, questo libro verrà pubblicato per la prima volta nell'autunno 2022. Una nuova edizione verrà pubblicata ogni anno per riflettere i campi in rapida evoluzione e le opportunità che esplora. Si evolverà inoltre in base al feedback fornito dai lettori reali. Per darci il dono delle tue esperienze, o per porre domande, contattaci a team@smmfsb.com.

Appendice

Cosa dovresti leggere dopo?

Grazie per aver letto questo libro! Se stai cercando letture correlate e desideri supportare l'editoria indipendente, dai un'occhiata a due dei nostri lavori popolari, *The Modern Guide to Stock Market Investing for Teens* e *Bitcoin Answered*.

Riconoscimenti

Dopo un anno di scrittura aggressivo nel 2021 segnato dalla pubblicazione di due libri, devo ammettere che questi ultimi mesi sono stati meno adornati. Rimettermi in sella non è stato un compito facile, anche se certamente gratificante. Il merito è dovuto al mio meraviglioso team e alle persone intorno a me, a partire da Will Warren per aver piantato il seme che è diventato questo libro e finendo con il team di pubblicazione di Aude.

I riconoscimenti appropriati devono iniziare in un momento molto precedente. Questo libro e la conoscenza all'interno sono la sintesi di iniziative imprenditoriali selvagge in tutti i molti campi sopra menzionati. Per il dono di quegli anni, ho esteso i miei profondi ringraziamenti a Jeremy Vaughn, Omar Rezec, Michael Thompson, Sreekar Kuckibhatla, Sharon Kha, Ben Wanzo, John Corcoran, Kai Lu, Jack Jacobs, Mahmood e molti altri con cui ho avuto il piacere di lavorare.

Grazie a Blake Martin, Ksenia Suglobova e Manny Diaz per i preziosi contributi a questo testo, così come Dean Liang, Genesis Nguyen e Jack Zimmerman per i contributi alle opere recenti.

La mia gratitudine va ad Alyssa Callahan e Patchen Homitz — ciò che paga, dopo tutto, se non un posto di apprendimento. A parità di condizioni, un tributo è atteso da tempo a Gil, Habeeb, Connor, Joyce, Justin, Malcolm, Malia e, sì, tutto Starroyo. I miei migliori auguri a tutti per il futuro.

Infine, caro lettore, grazie per il tuo tempo e il tuo pensiero. Tutti i libri sono per i loro lettori, spero che questo testo ti abbia reso giustizia.

Risorse

Servizi menzionati in tutto il libro.

Presenza sociale

Google.com/business

facebook.com/pages/creation

trends.pinterest.com

search.google.com/search-console

trends.pinterest.com

Lasco

Asana

Trello

Zapier

Hootsuite

Dopo

Tailwind

CoSchedule

Iconosquare

BuzzSumo

Scoop.it

Menzionare

MeetEdgar

SocialPilot

Gestore delle Pagine Facebook

Zoho Social

PromoRepubblica

Audiense Connect

Gatto di Napoleone

Fiverr

Upwork

Designhill

Toptal

Reedsy

99designs

Codificabile

Gun.io

PersonePerHour

Skyword

Canva

Photoshop

Fotopea

Mailchimp

Contatto costante

Gocciolare

Hubspot

Sendinblue

SEMrush

SpyFu

Rispondi al pubblico

ClickCease

Parola trattina:

SEMrush

SpyFu

Rispondi al pubblico

ClickCease

Parola trattino

Pubblicità

business.pinterest.com

studio.youtube.com

ads.google.com

business.facebook.com

facebook.com/adsmanager/manage/campaigns

business.nextdoor.com

getstarted.tiktok.com

advertising.amazon.com

ClickBank.

Dominio, sito Web e hosting

godaddy.com

godaddy.com/en-in/hosting/WordPress-hosting

bluehost.com/WordPress

Spazio quadrato

Weebly

Wix ·

Indice

Specialmente.

| | | | |

Immagini

---

[i] Profilo aziendale di Google, Morton's.
[ii] Profilo aziendale di Google, Proving Ground Waterfront Dining.
[iii] Instagram: integratori B&N, mercati di Lucky.
[iv] Instagram: Philz Coffee, AgenciFlow.
[v] Instagram: Bay Club, Urban Remedy.
[vi] LinkedIn: Maker Wine
[vii] LinkedIn: Bitchin' Sauce
[viii] Pinterest: Boohoo
[ix] Pinterest: jewelry1000.com
[x] Pinterest: Ultra bellezza
[xi] YouTube: Mint.com
[xii] YouTube: Regno
[xiii] YouTube: MonsterInsights
[xiv] Tiktok: Bitchin' Sauce, TomoCredit, Yahoo Finance
[xv] Twitter: Sam Parr
[xvi] Twitter: Shaan Puri
[xvii] Wordpress.org
[xviii] GoDaddy.com
[xix] Coinbase.com
[xx] Hubspot.com
[xxi] Facebook: TomoCredit
[xxii] YouTube: NerdWallet
[xxiii] YouTube: Manscaped
[xxiv] YouTube: NewRetirement
[xxv] Tutti YouTube [Analytics]: Ksenia Suglobova
[xxvi] YouTube: Alex Hormozi, Biaheza, Jordan B. Peterson, Mr. Beast, Nick Bare, Lost LeBlanc, Marie Forleo, Magnus Midtbo, Valuetainment.
[xxvii] YouTube: Jordan Welch
[xxviii] YouTube: BeardBrand
[xxix] LinkedIn: Arcade
[xxx] LinkedIn: Fondazione Marekting.
[xxxi] Instagram: TomoCredit, Mosdotcom, The Economist
[xxxii] Instagram: Penguin Publishing, Portnum & Mason, David Yurman
[xxxiii] App Peerspace

[xxxiv] makerwine.com e shop.tesla.com

[xxxv] Forbes e Beardbrand
[xxxvi] Google.com
[xxxvii] Nextdoor: Ristrutturazione fatta, Puntina da disegno
[xxxviii] Instagram: Gymshark, Jamal)b15, David Laid
[xxxix] TradingView, Robinhood, Binance.us

Tutte le analisi sociali e le immagini pubblicitarie non accreditate di proprietà di Jon Law